JN347169

gjin Fish Market / 鷺梁津水产市场 / ノリャンジン水産市場

숨쉬는 바다 입니다

차장
P
,4F

주차장입구

물고기 아닌 **물살이** 도감

일러두기

'물'과 '고기'로 이루어진 단어 '물고기'.
살아 숨 쉬는 생명에 '식용하는 동물의 살'이라는
뜻이 담기고 말았다.

이 책에서는 우리가 쌓아 올린 경계를 허물고
물로 연결된 모두를 다른 이름으로 소개한다.
물에서 살아가는 존재, 물살이.

들어가며

들어가며,

> 멈추지 않고 밀려오는 파도의 물결
> 끝없이 펼쳐진 바다의 수평선
> 밑바닥을 알 수 없는 바다의 깊이.

미지의 영역이었던 바다, 나는 오랫동안 그곳을 동경해왔다. 이는 바다를 둘러싼 환상에서 비롯된 것일 뿐, 바다에서 살아가는 존재들과 그들의 내면에 대한 관심은 아니었다. 바다를 너무나도 사랑한다고 입버릇처럼 말해왔지만 정작 바닷속에서 벌어지는 일에는 크게 마음 쓰고 있지 않았다. 문제의식도 마음 속에만 머무르는 것이 많았다.

그러던 중, 가까운 바다에서 해변 청소를 해보고 싶다는 생각에 활동을 시작하게 되었다. 바다에는 쓰레기가 가득했다. 모래에 깊숙이 파묻힌 거대한 그물 더미와 온갖 종류의 부표, 날카로운 낚시 도구까지…. 그 많은 쓰레기들을 손으로 하나하나 골라내다 보니 이 많은 것을 뱉어낸 바닷속에 직접 들어가 봐야만 하겠다는 사명감이 들었다. 그리고 처음으로 바닷속에 들어갔던 2022년 여름, 여태껏 바다를 바라봤던 나의 시선이 완전히 뒤바뀌었다.

바닷속에서는 모든 것들이 살랑거렸다. 물살에 따라 어떤 이의 움직임이 나에게로, 나의 움직임은 누군가에게로 끊임없이 전해지곤 했다. 바닷속 모든 존재는 물을 통해 맞닿아 있었고, 그 오묘하고도 신비한 감각만으로도 서로가 살아있음을 선명하게 느낄 수 있었다. 그곳에서는 모두가 끝없이 펼쳐진 공간을 한계 없이 누비며 공존하고 있었다. 서로를 가로막는 울타리도, 경계도, 제재도 없었다. 그곳을 방문한 나 또한 그저 하나의 살아있는 인간 동물로서 고요한 적막이 맴도는 바닷속 존재들과 시선과 감각을 주고받을 뿐이었다.

바닷속 밑바닥에 가라앉은 쓰레기를 건져 올리기 위해 거대한 그물 더미를 헤쳐 모으다 누군가의 기척을 느끼고 고개를 돌렸다. 모래바닥에 몸을 반쯤 숨기고 누워 있던 넙치가 두 눈으로 나를 응시하고 있었다. 나의 눈과 넙치의 눈이 마주치던 순간, 그는 순식간에 몸을 너울대며 사라졌다. 문득 매일 집 앞에서 지나치던 횟집이 떠올랐다. 횟집 앞에 즐비하던 수조에는 저 넙치들이 가득 갇혀 있었고, 그 위에는 '광어'라는 두 글자가 적혀 있었다.

그제야 나는 그동안 광어라 불리던 이가 실은 넙치와 같은 존재라는 것을 깨달았다. 빽빽한 건물과 아스팔트 도로, 그 옆에 놓인 유리 수조에서 서로의 몸에 겹겹이 쌓여 움직이지도 못하던 넙치들…. 끝이 안 보이는 바닷속에서는 그들이 언제든 저편으로 헤엄쳐 갈 수 있었다는 사실을 떠올릴수록 눈을 질끈 감을 수밖에 없었다.

시간이 흐를수록 바닷속과 길거리를 오가며 마주친 시선들이 뒤엉켰다. 길거리에 놓인 횟집 수조에서는 '제철 회'라는 문구 아래 일 년 내내 수많은 이들의 죽음이 끝없이 이어졌다. 넙치 옆에 어떤 날은 참치가 있었고, 어떤 날은 숭어, 어떤 날은 방어가 있었다. 내가 이름을 알지 못하는 존재들도 많았다. 영원히 반복되는 굴레에 갇혀버린 것만 같았다. 그들의 얼굴을 기억하고 싶어 바깥을 빤히 바라보는 눈을 마주할 때가 많았다. 그럴 때면 그 눈맞춤이 너무나도 생생해 오래도록 잔상이 남았다. 분명 바닷속에서는 순식간에 헤엄쳐 달아났을 이들이 투명하고 단단한 수조에 갇혀 있는 모습을 보고 있자니 모든 게 꾸며낸 장면인 것만 같았다.

문득 바닷속에서 다이빙을 하면서 마주치던 이들이 어떻게 사는 존재들인지 알고 싶어졌다. 언젠가 주변을 맴돌던 쥐노래미가 떠올라 인터넷에서 그 이름을 먼저 검색해 보았다. 하지만 무엇을 기대했던 걸까. 검색 결과를 보자마자 시간을 되돌리고 싶었다. 인터넷에는 낚시로 잡았다며 자랑하거나 횟집에서 홍보용으로 올린 사진이 가득했다. 전부 죽어있는 쥐노래미의 모습들. 쥐노래미에 대한 정보를 공유하는 블로그마저 쥐노래미는 "잡어^{雜魚}지만 맛은 있는" 존재로, 생태에 관한 설명보다 요리법이 함께 소개되고 있었다. 그도 한때 숨 쉬는 생명이었다는 사실에서 시작하는 글이나 사진은 발견할 수 없었다. 혹시나 하는 마음에 다른 존재들의 이름을 검색해 보았지만 화려한 노란색의 점이 등에 흩뿌려진 용치놀래기도, 날카롭고 강인한 등지느러미를 지닌 조피볼락도, 마찬가지로 바닷속에서 자유롭게 헤엄치는 모습은 찾아보기 어려웠다. 이렇게 그들이 먹거리가 되는 장면에는 항상 어색한 표현 하나가 사용되고 있었다.

'물'과 '고기'가 조합된 단어, 물고기. 바닷속에서 한때 살아 숨 쉬던 존재들은 이렇듯 '식용하는 동물의 살'을 뜻하는 단어로 뭉뚱그려지고 있었다. 그들을 의심 없이 먹거리로 대하는 문화는 그 이름과도 무관하지 않았다. 일방적이고 폭력적인 관계가 이름을 통해 당연시되었고, 이름이 그러한 태도를 통해 더 견고해지고 있었다. 가두고 개량하고 해체해 비닐봉지에 넣어 팔고 먹는 것 외에 다른 관계를 맺을 가능성은 미처 상상해 볼 겨를도 없이 이른 생을 마감하고 있었다.

생태계에서 먹고 먹히는 것은 당연하다 할지 모르지만, 과연 생명과 생명이 맺는 관계에 그것만이 전부일까. 그들을 고기로 이름 부르며 첫 만남을 시작하는 순간부터 우리가 맺을 수 있는 다른 관계들은 모두 사라져 버리고 '너희들을 내 마음대로 할 수 있다'는 폭력만이 남아버린 듯했다. 그들이 어떤 삶을 살아왔는지보다 어떤 맛을 내는지에만 관심 갖고, 그들의 숨결과 몸짓에 공명하기보다 쓰임과 쓸모로만 이해할 수 있는 현실이 갑갑했다. 모든 생명이 서로 연결되어 있고 순환한다는 감각은 어딘가로 사라져 버린 것 같았다.

우리의 기울어진 관계를 무너뜨리는 것이 우선이었다.

고기로 호명하지 않고 그들의 삶으로 돌아가는 것. 식재료도, 전시물도, 어획량이나 수출량, 가격표의 대상도 아닌 그들의 삶 자체로 돌아가는 것. 그들의 죽음을 기억하고 한때 바닷속에서 살아 숨 쉬던 그들의 찬란한 생애를 아는 것에서 새롭게 쌓아가야만 했다.

그렇게 나는 횟집, 수산시장, 양식장, 아쿠아리움, 그리고 온갖 지역 축제를 찾아다니며 무자비하게 그들을 죽음으로 몰아넣는 모습을 목격하고 하나씩 기록해 나갔다. 대량 소비를 뒷받침하는 파괴적인 어업과 공장식 양식업부터 오직 쾌락을 위해 고통을 가하는 낚시와 축제 문화까지…. 여태껏 당연한 일상처럼 유지되어 왔지만, 실은 전혀 자연스럽지 않은 모습이었다.

이렇게 그들의 죽음을 애도하고 생전의 순간을 기록하는 동안 나는 계속해서 어떤 단어를 되뇌고 있었다.

물살이. 글자 그대로 '물에서 살아가는 존재'라는 사실을 단순하게 담고 있는 말이었다. 이 이름엔 그들이 뭍으로 끌려오기 전에 보냈던 시간이 촉촉하게 젖어 있었고, 당연한 듯 예정해 둔 죽음이 없었다. 살아 숨 쉬는 생명 그 자체로 물속 존재들을 부르는 이 이름을 통해서는 생명을 대할 때 응당 느껴야 하는 감각이 되돌아왔다. 사전적 정의에서 오징어나 전복, 게와 같은 존재들은 척추가 없다는 이유로 '물고기'도 아닌 '해산물'로 분류되는데, 이제는 그들도 물에서 살아가는 존재로서 차별 없이 끌어안을 수 있었다.

그렇게 나는 길거리의 횟집 수조에서 숱하게 마주친, 곧 죽음을 앞두고 있던 존재들을 물살이로 소개하기로 했다. 누구도 기억하지 않는 죽음을 광장으로 불러와 애도하는 마음으로 그들의 이름을 하나씩 적어 내려갔다. 넙치, 고등어, 노랑가오리, 살오징어, 자주복, 뱀장어, 대게, 참전복, 감성돔, 대하…. 물고기 아닌 물살이들.

이 책은 물고기가 아닌 물살이에 관한 도감이다. 배경지에 올려놓고 찍은 생물 사진도 종을 구분할 수 있게 해주는 해부학적인 정보도 없지만, 눈앞의 존재가 누구인지 알아보는 것을 도와준다는 도감의 본질에는 더욱 충실하고자 했다. 식탁과 수조를 오가며 우리 곁을 지나친 수많은 물살이들이 누구이고 어떻게 살았으며 어디에서 왔는지, 익숙함으로 굳어진 무관심을 뒤로하고 조금씩 알아간다면 우리의 관계를 다시 쌓아 올릴 수 있지 않을까. 바다에서 자유롭게 살아가는 물살이를 담은 사진이 극히 드문 현실에서 이 책의 그림들이 물살이들의 자유로운 삶을 감각하고 상상하는 문이 될 수 있다면 좋겠다.

이 책에서는 기존 언어에 담긴 인간 중심적 관점에서 벗어나기 위해 '물살이'라는 단어를 제안하고 있는 만큼 책 전반에서 평등한 언어를 사용하기 위해 고민했다. 가령 '짐승이나 물고기, 벌레 따위를 세는 단위'로 정의되는 표현인 '마리'는 목숨 '명命'으로 대체했다. 인간이 아닌 동물의 성별을 구분할 때만 사용하는 '암컷'과 '수컷'도 '여성'과 '남성'으로 대신했다. 이러한 노력에도 불구하고 이 책에는 미처 매만지지 못한 종차별적이거나 인간중심적인 언어가 남아 있을 것이다. 그 흔적이 때때로 도드라지거나 모순처럼 느껴질 수도 있지만, 그 불완전함과 긴장을 함께 들여다볼 수 있다면 우리 모두 생명을 향한 언어로, 생명을 존중하는 문화로 더 내딛게 될 것이라 믿는다. 이미 통용되고 있는 언어 표현을 전환하는 것은 어려운 길이지만, 그것이 우리 모두의 삶을 귀하게 여기기 위한 것이라면 감히 함께 걸어가자고 손 내밀고 싶다.

바닷속 생명을 '물살이'라 부르자고 목소리 내기까지 숫자를 헤아릴 수 없는 '물고기'들의 죽음의 무게를 감당해야만 했다. 그렇게 끝나지 않을 것만 같던 애도의 시간을 보내다 이제는 계속해서 말을 건다. 도처에 널린 죽음을 또렷이 응시하자고, 살아남은 이들의 생경한 눈동자를 피하지 말자고. 생과 사의 경계가 흔들리는 와중에도 우리 계속해서 아름다운 삶을 노래하자고.

목차

6 들어가며

17 물살이 옆에 선 행인의 고백

26 넙치

36 고등어

46 노랑가오리

56 살오징어

66 자주복

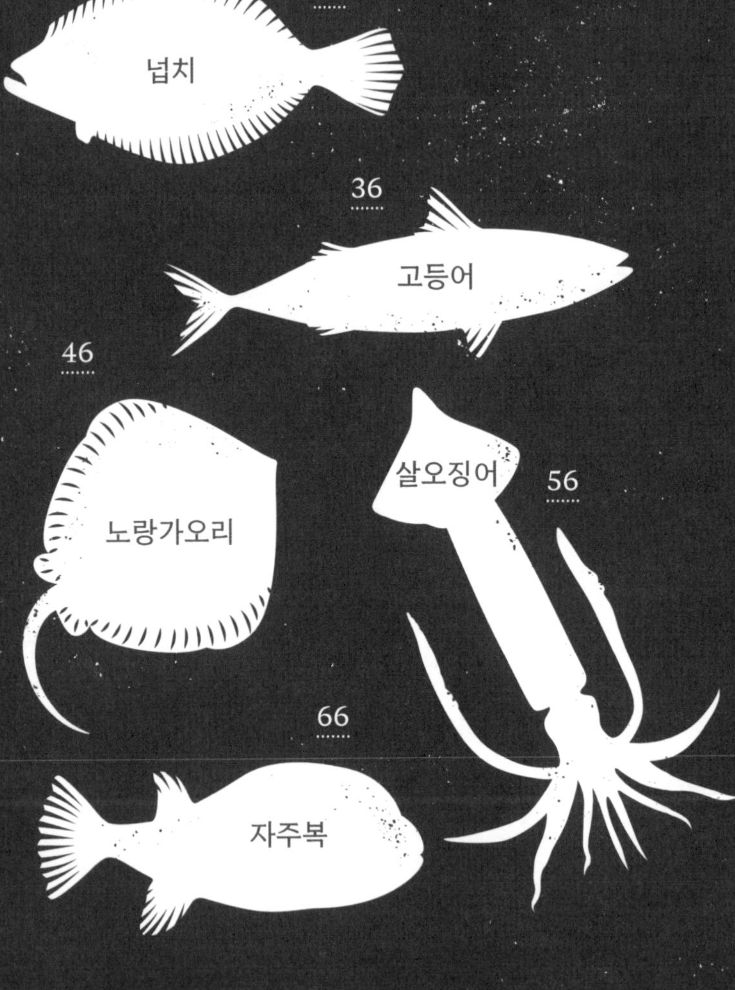

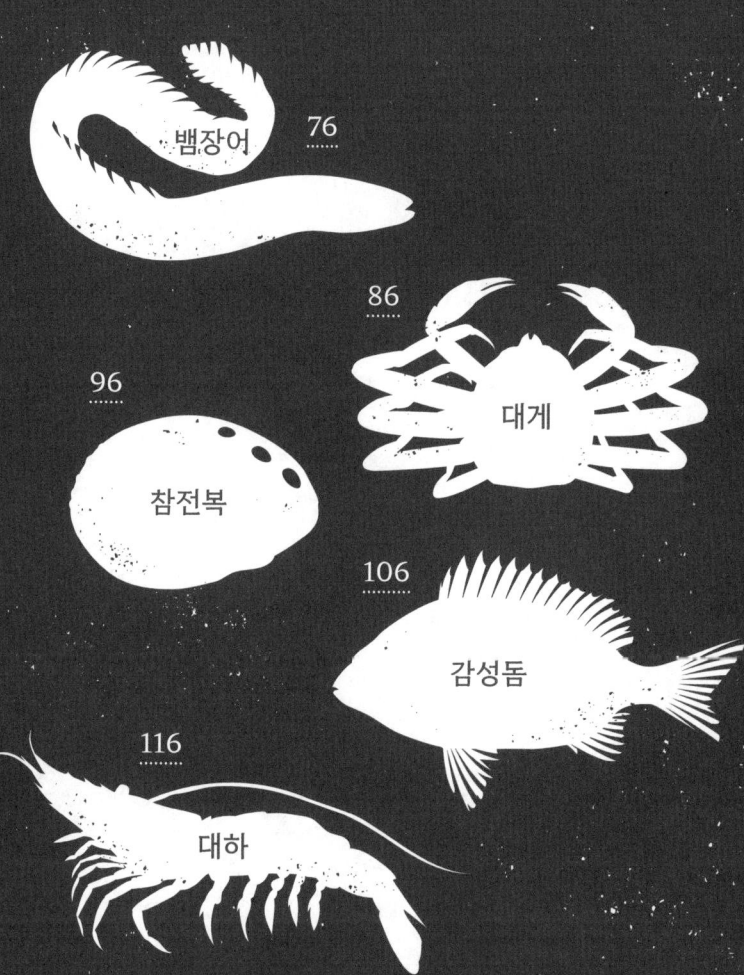

76 뱀장어

86 대게

96 참전복

106 감성돔

116 대하

127 물고기 아닌 물살이 선언

134 이어지는 행인의 기록들

141 감사의 말

물살이 옆에 선 행인의 고백

나는 물살이 옆에 멈춰 섰다.
횟집 앞 수조에 갇혀 있는
물살이들의 서늘한 눈빛을 마주한 순간.

집부터 지하철역까지 매일 오가던 거리였다. 나는 바쁜 걸음으로 정해진 목적지를 향하는 행인 중 한 명이었다. 누구도 횟집 수조에 물건처럼 전시된 그들에게 눈길을 두지 않았다. 나 또한 표정 없는 얼굴로 허공을 응시한 채 서둘러 움직일 뿐이었다. 지하철 시간표, 점심 메뉴, 다이어트, 학점, 취업, 월급, 주식, 통장 잔액…. 온갖 계획과 숫자들이 뒤엉켜 머릿속을 채웠고, 불안과 강박은 연달아 따라왔다.

일상에 밀려드는 허무함을 잊어야 할 때 사람들은 자극적인 것에 매달린다. 팍팍한 삶에는 짜릿한 보상이 될 만한 것들이 필요하다. 접시를 가득 덮은 광어회, 빨갛게 달궈진 대하 소금구이, 김이 모락모락 나는 대게찜…. 원기 회복을 위해서는 장어구이, 전복삼계탕, 복국 등 보양식도 놓칠 수 없다. 고등어구이나 오징어볶음을 챙겨 먹는 것은 기본이고, 손맛이 좋다는 감성돔 낚시는 물론, 아쿠아리움과 지역 특산물 축제도 종종 즐긴다. 강과 바다를 찾아 물놀이도 하고 노을을 보며 감상에 젖기도 한다. 그러고선 다시 반복되는 일상으로 되돌아간다. 나 역시 익숙한 듯, 그 장면들 속에 들어있었다.

그러나 그들을 숨 없는 물건으로 대하는 동안
나의 몸도 기계가 되어가고 있었다.
나의 몸을 더 혹사하기 위해서는
그들의 생명을 빼앗아 속을 채워야 했다.
그들의 숨이 줄어드는 동안
나의 생명도 꺼져가는 것을 모른 채.

여느 때처럼 집에서 지하철역으로 이어지는 거리의 횟집들을 지나치던 어느 날, 나는 길을 잃은 것처럼 우두커니 수조 앞에 멈춰 섰다.

**나는 목격했다.
유리 너머 행인들의 뒤통수들을
뚫어져라 바라보는 눈빛을.**

다양한 몸을 가진 존재들이 하나 같이 또렷한 시선으로 무언가 말하고 있었다. 원망하는 것인지, 애원하는 것인지, 저주하는 것인지, 아니면 그저 아무것도 바라지 않는 것인지, 알 수 없는 눈빛이었지만 그들은 온몸으로 무언가를 말하고 있었다. 우리는 살아있다고. 여전히 숨 쉬고 있다고. 이 살아있음을 끝까지 보라는 듯이.

수조 안에서 눈빛을 보내는 '물고기'들.
그들을 바라보며 갈 곳을 잃은 채 우두커니 서 있는 나.
그리고 그 사이를 무심히 가로지르는 행인들.

우리는 마치 삼각관계처럼
서로의 뒤통수만을 뚫어져라 쳐다봤다.

**나는 목격했다.
수조에 비친 나의 애달픈 표정과
그토록 얼굴이 닮은 물살이들을.**

  무심한 폭력으로 뒤덮인 이 거리를 바라보다 현기증을 느꼈다. 죽음이 이토록 가벼운 일이었던가. 점점 일그러지는 나의 얼굴이 수조 벽에 비치며 물살이들의 얼굴 위에 겹쳐졌다. 그 안에서 멈추지 않는 그들의 몸짓은 잘 살고 싶다며 발버둥치는 나의 모습과 닮아 있었다. 죽음의 장면이 쉽게 휘발되고 서서히 희미해질수록 삶도 더 무거워지고 있었다. 수조 앞에서 아무것도 할 수 없는 나의 존재가 버거웠다. 위로하는 것조차 위선적일까 봐, 나의 눈빛이 그들에게 닿지 않기를 바라며 나는 결국 뒷걸음칠 수밖에 없었다.

  돌아선 뒷모습에 남겨진 감각은 쉽게 사라지지 않았다. 횟집 수조 앞으로, 그 안에 갇힌 물살이들 앞으로, 나는 반복해서 되돌아갔다. 그들을 마주하는 순간이면 꿈인지 현실인지 모를 나의 죽음이 떠올랐다. 나에게 주어진 생을 처절하게 회복해 내기 위해서는 생과 사의 무게를 직시해야 했다. 그 사이에서 물살이들 옆에, 아니 우리로서 나란히 서야만 했다. 내가 행인으로서 할 수 있는 것은 목격하고, 애도하고, 기록하기를 멈추지 않는 것뿐이었다.

그렇게 나는 되뇌었다.

우리의 생과 사를 더이상
떨어진 채로 두지 말자고.
나를 포함해 살아남은 이들의
생경한 눈동자를 마주하자고.

곳곳에 널린 죽음을 또렷이 바라보고
눈빛과 표정, 생동하던 그 몸짓을
기억해야 한다.

그렇게 나는 그들이 처한 자리를
묵묵히 오가기 시작했다.

물고기 아닌 물살이들

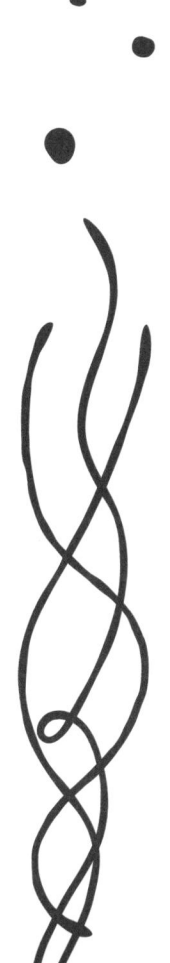

넙치

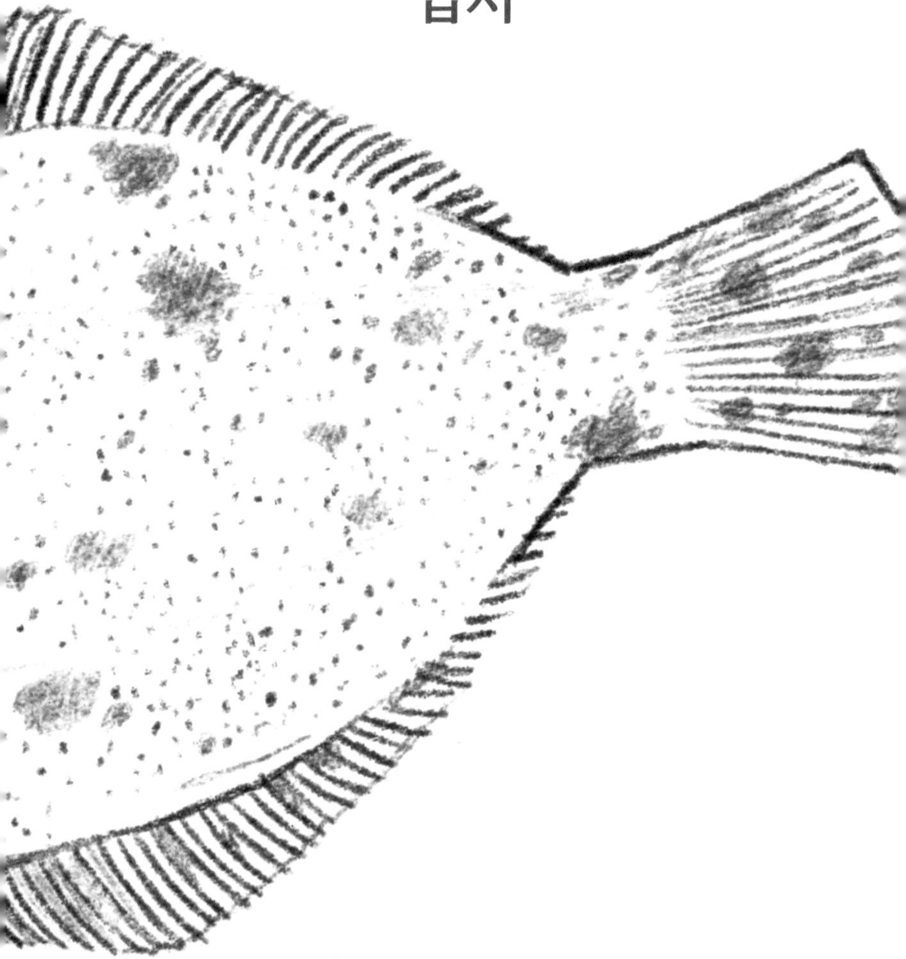

Paralichthys olivaceus (Temmick & Schlegel, 1846)

동물계 > 척삭동물문 > 조기강 > 가자미목 > 넙치과 > 넙치속

IUCN 멸종위기등급: 미평가(Not Evaluated)

넙치,

대중적인 횟감으로 취급되며
겹겹이 쌓인 채 시간을 견디지만
낮은 곳에서 바닷속 모든 일을 목격하는 물살이.

제주 해안선을 따라 늘어선 230여 개의 공장식 넙치 양식장은 아름다운 바다와 대비되어 기괴함을 자아낸다. 양식장 옆으로 항생제와 오염 물질로 범벅된 배출수가 콸콸 쏟아져 나온다. 이때 오염수에는 병든 넙치가 함께 방출되기도 한다. 빠르게 살을 찌우는 것만이 목적인 그곳에서 넙치는 아플 수밖에 없다. 제주어류양식수협에서는 하루가 멀다 하고 죽어나가는 넙치들을 고품질 사료로 만들어 수출한다고 홍보하지만,

▼   제주 구좌읍의 해안도로를 사이에 두고 넙치 양식장이 길게 늘어서 있다.

모든 존재에서 효용을 쥐어짜내는 구조가 이곳에서도 예외 없이 작동함을 보여줄 뿐이다. 이렇게 제주에서 양식되는 넙치는 한국에서 상품화되는 넙치의 절반 이상을 차지한다.

해안선에 양식장이 늘어선 제주도의 풍경은 양식업의 현재를 상징적으로 보여준다. 조선시대에 한국 양식업은 해조류와 패류를 바다 위에 매달아 기르는 방식으로 이루어졌지만, 1980년대부터는 가두리 그물을 치고 어린 방어를 넣어 키우면서 어류 양식으로 확장되었다. 그러던 중, 바닷속을 속속들이 훑던 어업이 한계에 다다르자 정부와 업계는 '어업을 살린다'는 명분 아래 대안을 모색하기 시작했다. 그렇게 등장한 것이 좁은 공간에서도 대량으로 물살이를 길러낼 수 있는 육상수조식 양식 기술이었다. 넙치는 그 첫 번째 대상이었다.

양식업의 확산과 함께 '횟집 대중화'의 주역으로 내몰린 넙치는 값싸고 흔한 횟감이 되었다. 하지만 넙치를 향한 욕망은 쉽게 충족되지 않았다. 적어도 자연의 넙치만큼은 살아남지 않겠느냐는 질문이 무색하게 '자연산'이라는 수식어는 희귀함을 쫓는 욕망을 더욱 끌어들였고, 당연한 수순인 듯 자연산 넙치를 전면에 내세우는 축제도 열리기 시작했다. 2025년에 19회를 맞이한 '서천 자연산 광어 도미 축제'는 넙치 요리를 판매하는 부스는 물론 살아있는 넙치를 맨손으로 붙잡는 부스를 운영하고 있었는데, 이곳 또한 체험이라는 명목으로 생명을 괴롭히고 죽이는 일을 오락화하는 전국 곳곳의 어촌 축제와 크게 다르지 않았다.

'광어'로 이름 알려진 넙치. 수조에 붙어 있는 원산지 표기와 횟집 메뉴판에도 '광어'라는 이름은 버젓이 자리를 차지하고 있다. 하지만 표준국어대사전에 따르면 광어는 '반으로 갈라서 말린 넙치'를 뜻한다. 광어라는 이름 안에 이미 죽은 상태라는 의미가 들어있는 것이다. 바다에서 자유롭게 살아가는 동안에도, 수조에서 자신의 생을 끝까지 붙잡고 있는 동안에도, 넙치는 이미 식탁 위에 오른 존재로 이름 불리며 사람들의 입에 오르내린다.

넓을 광廣, 물살이 어魚.
'광어'의 이름을 다시 봄으로써
넓적한 물살이 '넙치'의 생을 되찾는다.

  길거리 곳곳의 횟집 앞 수조에는 넙치들이 옴짝달싹 못한 채 겹겹이 쌓여 있는 풍경이 낯설지 않다. 서로의 몸 위에 몸이 포개지고, 다른 넙치의 등이나 옆구리에 얼굴이 눌린 채 유리 벽을 향해 겨우 고개만 내민 모습도 흔하다. 자세히 들여다보면 넙치의 배에 있는 얼룩덜룩한 무늬가 눈에 띈다. 바다에서 살아가는 넙치의 배는 원래 새하얗지만, 양식장에서 자란 넙치는 검게 얼룩져 있는 경우가 많다. 좁은 수조에서 빽빽하게 포개져 움직이지 못하고, 몸을 숨기거나 모래에 파묻을 수 없는 환경에서 받는 만성적인 스트레스가 주원인으로 지목된다. 그렇게 하루하루 축적된 고통과 긴장이 몸에 얼룩처럼 새겨지는 것이다.

길거리에 흔히 널린 횟집 앞.
넙치의 몸이 겹겹이 쌓여 수조를 채운다.
서로의 몸에 얼굴들이 짓눌린다.
유리를 향해 얼굴을 들이미는 넙치.
지나가던 행인은 그의 배를 살피다
얼룩덜룩한 무늬를 발견한다.

몸에는 살아 온 흔적이 남는다던데
그의 몸은 어떤 생을 말하고 있을까.

▼ 노량진수산시장 한 가게 앞 수조에 넙치들이 서로의 몸에 깔린 채 갇혀 있다.

일상에서는 흔하다고 여겨지지만, 정작 바다에서는 좀처럼 찾아보기 어려운 넙치. 주로 모래바닥에 누워 생활하는 넙치는 색깔과 무늬가 모래와 매우 유사할 뿐만 아니라, 카멜레온처럼 몸의 색을 주변 환경에 맞춰 숨을 수 있다. 이러한 능력으로 넙치는 모래에 고요하게 숨어 있다가 몸을 날렵하게 움직여 먹이를 낚아채는데, 이가 날카로워서 새우나 게와 같은 갑각류와 작은 물살이를 쉽게 놓치지 않는다.

넙치의 납작한 몸은 헤엄칠 때마다 부드러운 곡선을 그리며 너울거린다. 그 움직임이 마치 일렁이는 물결처럼 보인다. 하지만 넙치가 처음부터 납작한 몸으로 태어나는 것은 아니다. 어릴 적에는 두 눈이 양 옆에 있다가 태어난 지 약 24일에서 50일이 지나면 한쪽 눈이 얼굴을 천천히 가로질러 다른 눈 옆에 도착한다. 그다음부터 넙치는 몸을 세우기보다 바닥에 엎드린 상태로 지내는 데 익숙해진다. 넙치의 얼굴을 정면에서 바라보면 두 눈이 왼쪽에 몰려 있다.

넙치는 부력을 조절해 주는 부레가 없어서 오래 헤엄치기보다는 주로 바닥에서 머무른다. 두 눈으로 언제나 위쪽을 바라보며, 넙치는 고요히 모랫빛 바닥에 스며든 채 끝없는 바다의 물살을 눈에 담는다. 어쩌면 넙치는 바닷속에서 일어나는 모든 일을 목격하지 않았을까. 드넓은 바다를 가득 볼 수 있는 곳, 바닷속 가장 낮은 곳에서 시작하는 넙치의 시선을 상상해 본다.

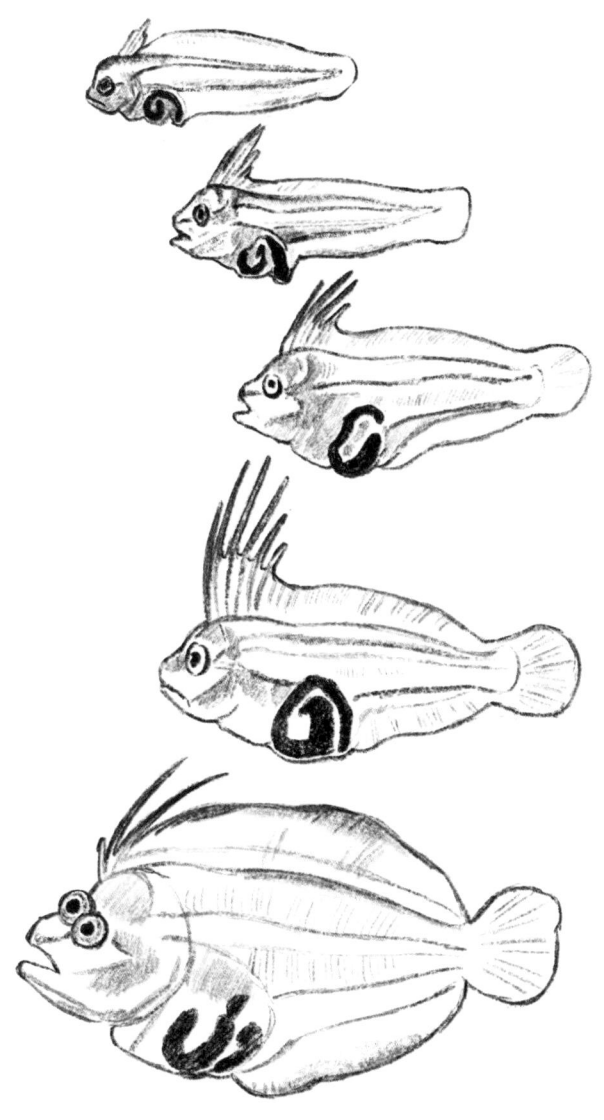

▲ 넙치는 성장 과정에서 왼쪽으로 눈이 점차 몰리며 납작한 몸으로 변해간다.

고등어

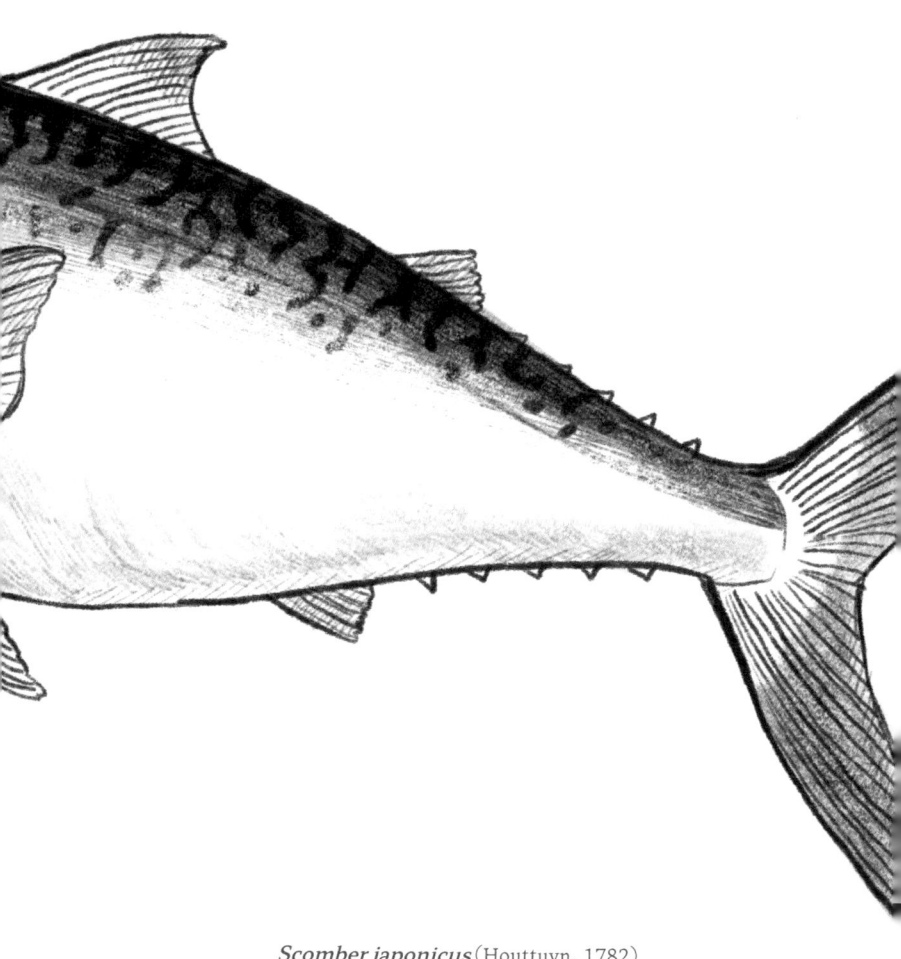

Scomber japonicus (Houttuyn, 1782)

동물계 > 척삭동물문 > 조기강 > 농어목 > 고등어과 > 고등어속

IUCN 멸종위기등급: 최소 관심(Least Concern)

고등어,

'국민 생선'이라는 이름 아래
거대한 그물질 앞에 사라지지만
그럼에도 함께 살아가길 멈추지 않는 물살이.

선망旋網은 '그물을 두른다'라는 뜻이다. 선망 어업은 주로 떼를 지어 다니는 고등어, 참치, 멸치, 오징어와 같은 물살이들을 쫓아가 선박 여러 척이 거대한 그물을 둘러 가둔 후 통째로 건져 올리는 방식으로 이루어진다. 그 방식이 무자비하고 바다에서 학살을 벌이는 것과 다름없기에 그물이 휩쓸고 간 자리에서는 생명을 찾아볼 수 없게 된다. 무한한 바다를 헤엄치던 존재들이 그물로 퍼올려지며 순식간에 서로의 몸에 깔려 죽는 참사가 선망 어업에서는 일상적으로 벌어진다.

대형선망 수산업 협동조합에서는 선망 어업을 위해 129톤급의 본선과 87톤급의 등선 2척, 150~300톤급의 운반선 3척 등 총 6척이 나선다고 말한다. 어구의 길이가 무려 800~1,500미터, 깊이는 최대 300미터에 달한다. 이처럼 선망 어업은 상당한 규모에 걸맞게 거대 자본을 전제하는 기업형 어업이다. 국내 고등어의 90% 이상이 선망 어업으로 잡혀 부산공동어시장을 통해 전국으로 유통되는데, 고등어가 멸종에 가까워진 현실도 선망 어업이 시작된 때부터 이미 예정되었을지 모른다.

오늘날 고등어에게 붙여진 애칭은 '국민 생선'. 30여 년 전까지만 해도 이 별명은 명태를 조준하고 있었다. 명태는 조림, 국, 찌개, 구이, 찜, 튀김, 볶음 등 방법을 가리지 않고 소비되었고, 수가 급감하는 와중에도 명란과 노가리라는 이름으로 알과 어린 시절마저 상품이 됐다. 그렇게 모든 생애에서 수탈당하던 명태는 끝끝내 한국 바다에서 자취를 감추고 말았다.

오로지 식탁에 올리는 방식으로만 표현되던 인간의 뒤틀린 애정은 멈추지 않고 다음 대상을 찾아 나섰다. 2024년, 한국해양수산개발원은 한국인이 가장 좋아하는 '수산물'을 묻는 설문조사를 진행했다. 일곱 명 중 한 명의 지목을 받으며, 고등어는 그렇게 다음 '국민 생선'이 되고 말았다.

명태를 향한 일방적인 사랑이 비극적인 결말을 불러왔음에도 불구하고 고등어에게 쏟아지는 애정에서 달라진 것은 없었다. 상대를 있는 그대로 인정하는 존중도, 더 알아가고 이해하기 위한 관심도 없었다. 어디까지나 인간의 욕구를 충족하기 위한 일방적인 애호…. 양질의 단백질을 제공한다거나 오메가3가 풍부해 암이나 심혈관 질환, 치매 등을 예방한다는 등 입맛과 건강을 위한 설명이 줄줄이 뒤를 이을 뿐이었다.

그 사이에 고등어의 존재는 더욱 희미해져 갔다. 필요에 따라 끊임없이 소비하며 효율과 건강이라는 이름 아래에서만 존재를 인정하는 이 사랑은 고등어의 몸 위에 덧씌운 환상에 불과했다.

비좁은 수조에서조차 무리를 만들어내는 고등어들.
수조의 크기에 맞추어 작은 회오리가 생긴다.
넘어설 수 없는 수조의 경계를 따라 빙글빙글 헤엄친다.

어느 순간 한 명이 뜰채에 실려 횟집 안으로 사라지고
그렇게 한 명, 또 다음 한 명.
남은 고등어들이 빈자리를 채우고
원이 점점 작아진다.

이 모든 과정을 수조 바깥에서 지켜보던 행인은
하룻밤 사이에 사라져 버린 이들의
역동을 기억하기 위해 애쓴다.

▼ 제주 구좌읍의 어느 횟집 앞 수조에서 고등어들이 좁은 물속을 빙빙 돌고 있다.

고등어의 등에는 푸른 물결무늬가 그려져 있다. 등의 아름다운 무늬는 해수면에 가까운 표층부터 300미터 이내의 중층까지 무리 지어 다니는 물살이들에게서 자주 볼 수 있는 특징이다. 새파란 파도가 하얗게 거품으로 부서지는 장면을 마치 몸으로 살아내는 듯하다. 이처럼 바다의 물결을 닮은 고등어는 수면 위에서 먹잇감을 찾는 바닷새의 눈을 피할 수 있다. 이뿐만 아니라 고등어의 반짝거리는 은백색 배는 깊은 바다에서 위를 올려다보는 참다랑어나 상어에게 반짝거리는 햇살처럼 보이기에 고등어가 살아남는 데 중요한 역할을 한다.

많은 물살이가 뻐끔거리며 물을 아가미로 보내 숨을 쉬는 것과 달리, 고등어는 입을 벌린 채 빠른 속도로 헤엄치는

▲ 고등어의 등에는 부서지는 파도를 닮은 물결무늬가 새겨져 있다.
배는 반짝이는 윤슬처럼 은백색으로 빛난다.

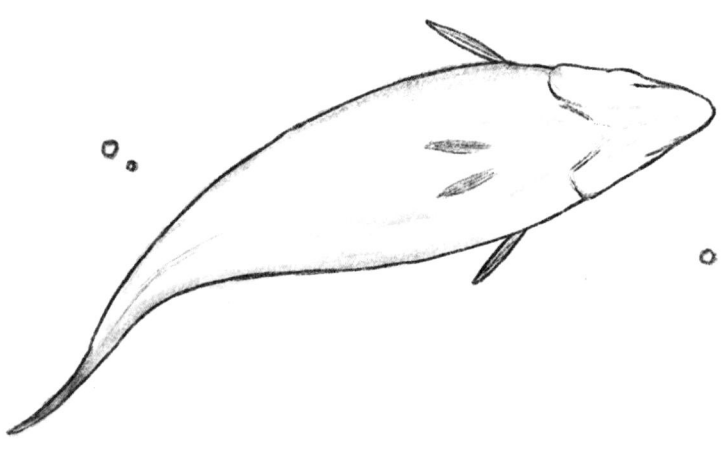

방식으로 숨을 쉰다. 왕성한 활동량을 유지하기 위해서는 끊임없이 아가미로 물을 통과시켜야만 충분한 산소를 얻을 수 있다. 멈추면 산소가 부족해지기 때문에 가수면 상태를 제외하면 쉬지 않고 움직인다. 그렇게 끊임없이 헤엄치는 고등어는 시속 70킬로미터로 질주할 수 있는 데다, 따뜻한 물을 찾아 먼 바다를 오가는 여정을 계절마다 반복할 정도로 강인한 몸을 지니고 있다.

그럼에도 고등어는 결코 혼자 살아가지 않는다. 늘 공동체와 하나 되어 서로의 몸에 기대고 감각을 나눈다. 아무리 강한 몸을 지녔어도 자신에게 홀로 감당할 수 없는 연약함이 있음을 고등어는 잘 알고 있다. 고등어들이 만들어내는 더 큰 몸은 함께 살아내는 것에 대한 믿음을 담고 있는 듯하다. 서로에게 기대어 살아가는 고등어의 생에서 새로운 사랑의 가능성을 발견할 수 있지 않을까.

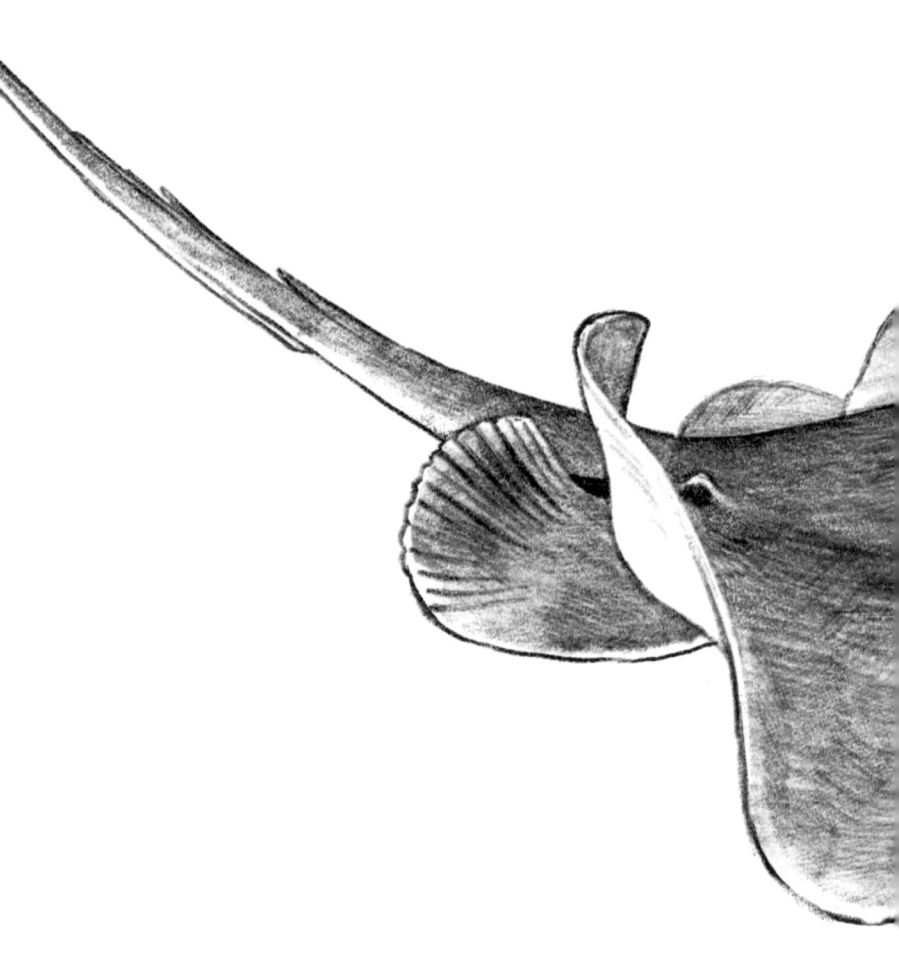

노랑가오리

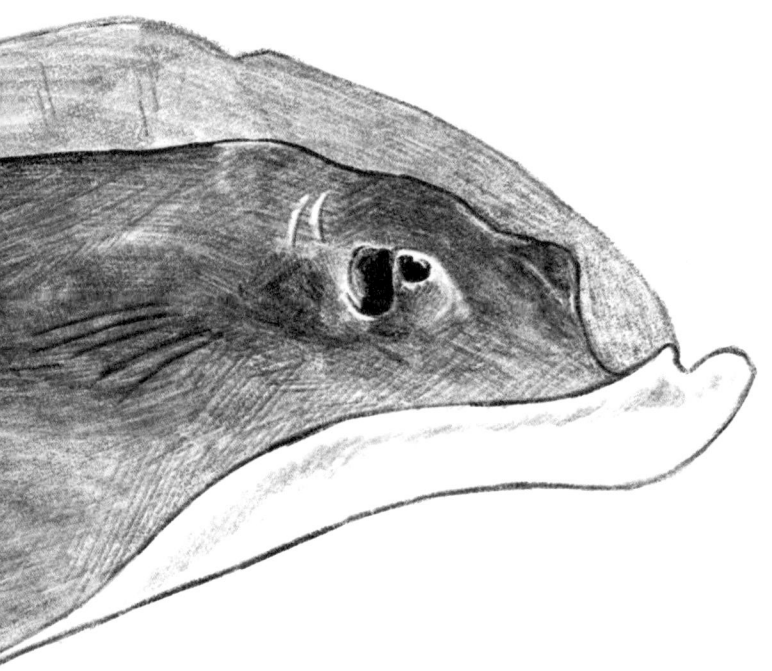

Dasyatis akajei (Müller & Henle, 1841)

동물계 > 척삭동물문 > 연골어강 > 매가오리목 > 색가오리과 > 노랑가오리속

IUCN 멸종위기등급: 미평가(Not Evaluated)

가오리,

경탄과 칭찬 너머에서
안팎으로 왜곡되고 파헤쳐지지만
고유한 몸과 함께 자기다운 생을 사는 물살이.

아름답고 독특한 외모를 가진 존재는 경외심과 호기심을 불러 일으키지만, 그 감정은 쉽게 소유를 향한 욕망으로 이어진다. 욕망은 낯선 존재를 포획, 감금, 전시, 개량으로 짜맞춘 틀에 넣고 구경하고 만지고 즐기는 대상으로 전락시킨다. 본래 살던 장소와 삶의 맥락에서 떼어내면 이미지만 남겨 소비할 수 있다. 상어나 고래와 함께 아쿠아리움에서 이목을 끄는 가오리 또한 이처럼 자주 대상화의 폭력 앞에 놓인다.

SNS에는 아쿠아리움이나 횟집 수조에 갇힌 가오리의 사진이 종종 올라온다. 귀엽다는 반응으로 댓글창이 가득하다. 가오리를 아래에서 보면 미소짓는 얼굴처럼 보이기 때문인데, 눈으로 오인되는 부분은 사실 가오리의 콧구멍이다. 물론 여기에서 사실은 별로 중요하지 않다. 가오리의 존재를 웃음짓는 캐릭터로 고정하고 실제 감정을 지우는 게 우선이다. 그래야 수조에 가로막혀 벽에 붙어 있거나 물밖으로 끌려 나와 몸부림치고 있는 가오리를 보고도 스스럼없이 귀엽다고 말할 수 있다.

물살이의 몸에 가해지는 폭력은 가오리라고 해서 겉모습에만 머무르지 않는다. 여느 물살이와 마찬가지로 가오리의 몸 또한 쉽사리 고기와 동일시되는 처지에 놓여 있다. 특히 횟집 앞 수조에서는 한국 바다에서 사는 노랑가오리를 자주 발견할 수 있는데, 이들은 '귀한 몸'이라고 칭송받으면서도 언제든 사람들이 보는 앞에서 토막 나고 접시에 오르는 운명을 벗어나지 못한다. 심지어 '애'라고 불리는 노랑가오리의 간은 착취의 현실이 알려지며 사람들이 소비를 꺼리게 된 거위 간 요리 푸아그라의 대용품으로 각광받는다.

▼　제주 구좌읍 한 횟집 수조에 갇혀 있던 가오리가 행인을 향해 몸을 들이밀었다.

▲ 뜰채가 가오리를 끄집어내면 수조 옆 도마에서 죽음이 공연되기 시작한다.

수조 바닥에 엎드려 있던 한 노랑가오리가
행인을 향해 벽에 납작 붙었다.

눈처럼 보이는 콧구멍 두 개
미소 짓는다 오해받는 입
숨 쉴 때마다 움찔거리는 열 개의 아가미구멍
자신을 지키기 위한 꼬리의 독침만은 잘려진 채.

그렇게 시간이 멈춘 것처럼
벽에 기댄 노랑가오리와 행인은
한참 동안 마주 서 있었다.

노랑가오리가 가슴지느러미를 부드럽게 펄럭이며 움직일 수 있는 이유는 몸이 연골로 이루어졌기 때문이다. 덕분에 움직임이 우아하고 신비로워 보인다.

하지만 몸이 연골로 된 물살이라는 점은 부레가 없다는 사실을 의미하기도 한다. 가오리는 가라앉지 않기 위해 쉬지 않고 지느러미를 움직여야 하고, 보통은 바닥에서 모래 속에 자취를 숨긴 채 대부분의 시간을 보낸다. 우아한 춤처럼 보이는 가오리의 날갯짓이 사실은 중력을 이겨내기 위한 생존 동작인 셈이다. '기름지고 맛있다'며 빼앗기는 커다랗고 지방 많은 간 또한 부력을 보완하기 위해 밀도를 낮춰 온 생존의 결과물이다.

가오리의 납작한 몸은 오각형의 모양을 띤다. 몸의 위편, 즉 등쪽에 있는 두 눈은 나란히 앞을 향한다. 눈 뒤편엔 분수공이 있어 바닥에 엎드린 자세에서도 물을 들이마실 수

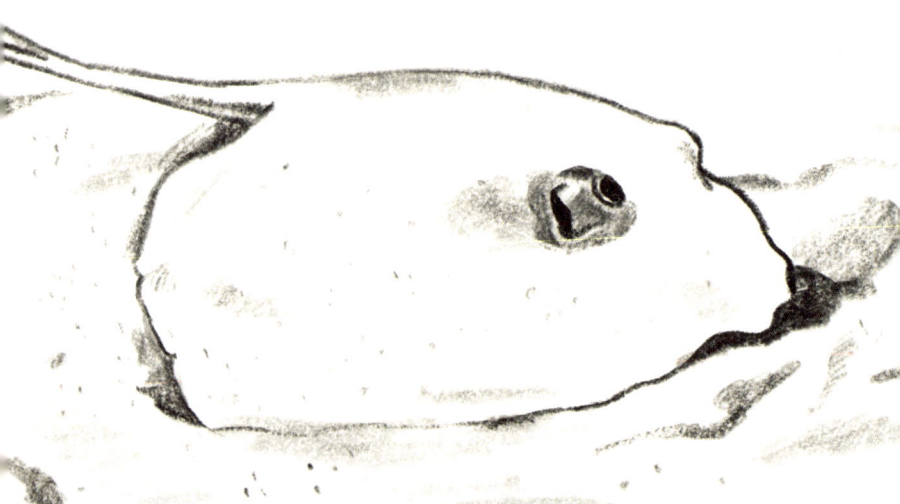

있다. 미소 짓는 것으로 오해받는 입으로는 바위나 모래 속에 숨은 작은 갑각류나 조개류를 씹어 삼킨다. 꼬리에는 자신을 지킬 수 있는 독가시도 달려 있다.

노랑가오리는 수정된 알을 뱃속에 품고 있다가 알이 깨어난 후에 세상에 내보내는 난태생 방식으로 출산한다. 다른 물살이들이 수백에서 수천 개의 알을 낳는 것과 달리 노랑가오리가 낳는 아이는 열 명 안팎이다. 태어날 때부터 납작한 몸을 지닌 가오리들은 자신의 특별한 몸을 돌보고 자기다운 방식으로 사는 방법을 익히며 1~2미터의 어른으로 성장한다.

있는 그대로의 몸으로 자유롭게 헤엄치는 가오리의 경이로운 생을 마주하며, 평가도 수식도 없이 그들 옆에 나란히 헤엄치는 날을 상상해 본다.

◀ 노랑가오리는 모래 속에 몸을 파묻고 금세 자취를 감춘다.

살오징어

Todarodes pacificus (Steenstrup, 1880)

동물계 > 연체동물문 > 두족강 > 개안목 > 살오징어과 > 살오징어속

IUCN 멸종위기등급: 최소 관심(Least Concern)

오징어,

뜨거운 바다와 잔혹한 어업으로
절멸의 문턱까지 떠밀렸지만
수억 년의 기억을 몸에 지닌 꿈꾸는 물살이.

캄캄한 밤, 망망대해의 고요한 정적을 깨뜨리는 이들이 있다. 바로 오징어잡이 어선이다.

오징어를 잡으러 한밤중에 나서는 어선들은 주변의 모든 빛을 삼킬 만큼 밝은 집어등을 매달고 있다. 오징어는 낮에는 수심 200~300미터 깊은 바다에서 머물다 밤이 되면 얕은 수심으로 올라오는데, 빛에 민감하게 반응하는 탓에 어선을 따라간다. 오징어를 잡을 때는 주로 복어나 갈치를 대상으로 이루어지기도 하는 채낚기 어업 방식이 사용된다. 갈고리가 줄줄이 달린 낚싯줄을 내려놓으면 오징어들이 미끼를 먹이로 착각해 촉수를 내밀다가 갈고리에 걸리고 만다. 그렇게 낚싯줄을 끌어올려 오징어를 수조에 넣고, 낚싯줄을 다시 바닷속으로 내리는 일이 반복된다.

거대한 그물로 싹쓸이하는 방식에 비하면 허술해 보일 수도 있지만 한국 근해에서 조업하는 채낚기 어선은 규모가 80~90톤에 달하고 원양으로 나가는 어선은 무려 500톤에 이른다. 무게가 대형 버스 다섯 대에서 서른 대에 달하는 배가 온 바다를 누비는 셈이다. 바닷속에 이러한 어선이 갈고리를 내리꽂기 시작하면 물살이들이 평화로운 일상을 보내던 바다도 순식간에 전쟁통이 되고 만다.

한국 바다에서 포획되어 흔히 소비되는 오징어의 본래 이름은 '살오징어'다. 한때 대표적 수출 어종으로 꼽히던 살오징어는 2023년 국내 연근해 어획량이 1996년에 비해 10분의 1 수준으로 줄어들었다. 살오징어를 잡기 어려워지자 어느 순간부터 시장에는 '총알 오징어'라는 오징어가 등장했는

▼ 캄캄한 밤중에 오징어잡이 어선이 눈이 아플 정도로 밝은 조명을 켜 놓고 있다.

데, 크기가 작아 한입에 먹기 좋다거나 손질이 필요 없다는 말과 함께 판매된다.

그러나 총알 오징어는 사실 어린 살오징어다. 아무리 새로운 종처럼 눈속임하고 간편식, 아이들 간식, 고급 술안주 등 다양한 마케팅 용어로 포장하더라도 총알 오징어가 어린 살오징어라는 본질은 변하지 않는다. 멸종을 막기 위해 어린 오징어 어획을 불법으로 지정하고 단속을 하고 있지만, 지금도 어린 오징어를 총알 오징어로 속여 파는 상황은 여전하다.

최근에는 얼마 남지 않은 살오징어마저도 한국 바다를 떠나고 있다. 한류와 난류가 만나 풍부한 생태계를 이루던 동해가 지구가열화로 뜨거워지고 있기 때문이다. 이에 동해의 주요 업종이던 오징어 채낚기 어업이 도산 위기에 처했고, 새로운 어장을 개척하기 위한 방안이 모색되었다. 그러나 그들이 도달한 결론은 살 곳을 찾아 이주하는 살오징어를 러시아까지 끈질기게 쫓아가는 것이었다. 이 때문에 2024년 7월까지 원양 채낚기 어선의 오징어 어획량은 지난해 같은 기간 대비 122% 증가했다. 빠르게 다가오는 살오징어의 멸종은 여지없이 인간이 불러온 결과일 것이다.

수조 벽에 계속해서 몸을 부딪치던 살오징어들.
바깥을 노려보던 커다란 두 눈이
행인에게 서늘한 시선을 보낸다.

그곳이 한달음에 저 멀리 갈 수 있던 바다가 아니라
사방이 막힌 수조임을
그들의 몸은 선명히 기억할 것이다.

그들에게 매 순간은 치열한 투쟁의 과정일까.
아직 끝나지 않은 자신의 생을 책임지기 위해
감금에 대한 거센 분노를 증명하기 위해
그들은 쉽게 체념하지 않는다.

바닥에 쓰려졌던 살오징어들이
곧장 일어나서 다시 수조 벽으로 돌진한다.

▼ 서울 동작구의 어느 횟집 앞 수조에서 살오징어가 지칠 줄 모르고 벽을 향해 돌진하고 있다.

오늘날 점점 터전을 잃어가는 오징어는 실은 바다를 오랜 세월 동안 지켜왔다. 중생대 쥐라기 시대에 살았던 벨렘나이트로부터 역사를 이어받았다. 우주를 닮은 바닷속 깊은 암흑의 오징어는 생김새조차 신비로운 외계 생명체를 연상시킨다. 길쭉한 모자처럼 생긴 몸통에는 심장, 맹장, 창자, 먹물주머니 등 여러 장기가 있는데, 그중에서도 심장은 무려 세 개나 된다. 얼굴에서 시작되는 다리는 열 개로 알려져 있지만, 그중에서도 두 개는 길이가 더 길고 팔과 비슷한 역할을 하기도 해서 특별히 '촉완'이라고 불린다.

오징어의 몸은 바다에서 살아남기 위한 다양한 능력으로 가득하다. 오징어는 주변 환경에 맞게 몸의 색깔을 자유자재로 바꾸며 숨을 수 있다. 위장에 능하다고 해서 헤엄이

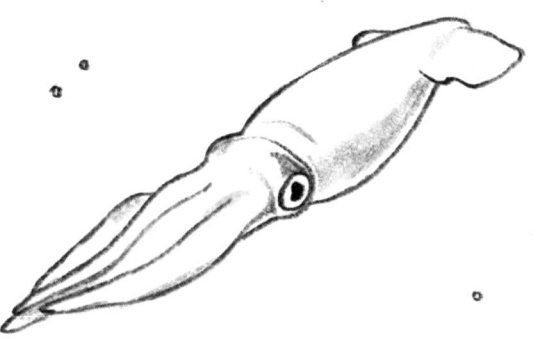

▲ 오징어는 몸에 물을 채웠다가 내뿜는 추진력으로 물살을 빠르게 가로지른다.

느린 것은 아니다. 몸에 물을 채웠다가 내뿜는 추진력으로 쏜살같이 앞으로 나아간다. 빠르게 도망치지 못한 상황에서도 오징어는 쉽게 포기하지 않는다. 비장의 카드인 먹물을 뿜어 상대의 시야를 가리고 그 틈을 타 멀리 달아난다.

오징어는 뇌가 복잡하게 발달해 있어서 관찰하고, 학습하고, 예측하고, 또 기억할 수 있다. 시간이 흘러도 과거를 기억하는 오징어는 잘못을 자꾸만 잊어버려 반복하는 인간을 과연 어떤 존재로 기억할까. 오징어는 꿈을 꿀 수 있다던데 오랜 바다의 역사를 품은 그의 꿈을 함께 꾸고 싶다.

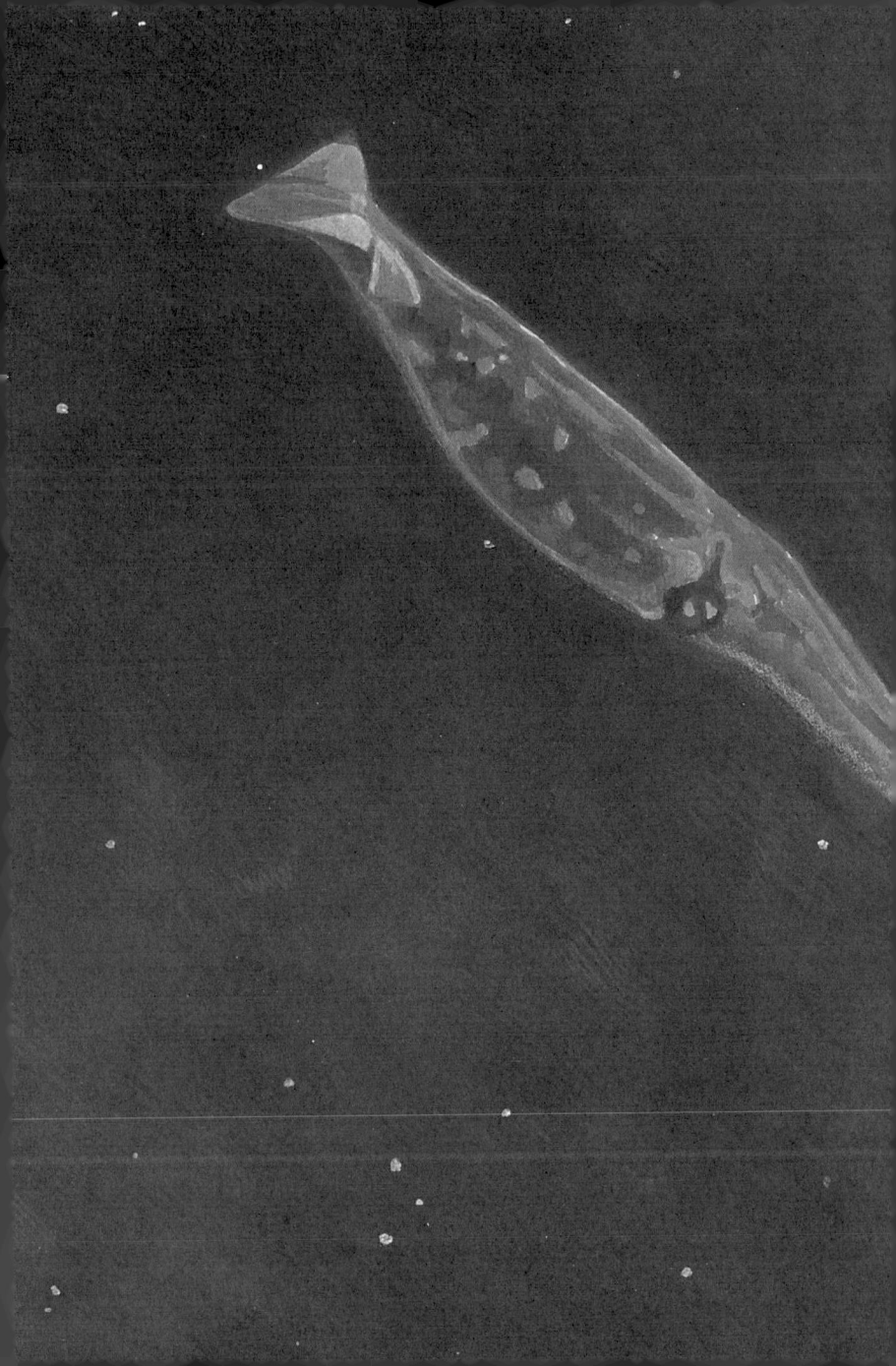

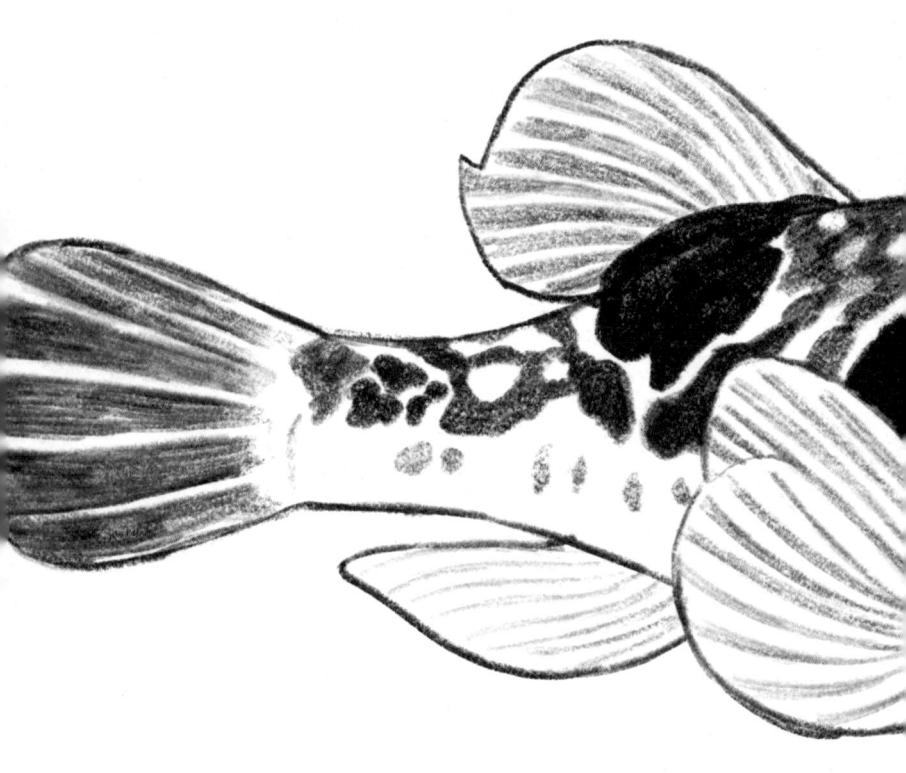

자주복

Takifugu rubripes (Temminck & Schlegel, 1850)

동물계 > 척삭동물문 > 조기강 > 복어목 > 참복과 > 참복속

IUCN 멸종위기등급: 준위협(Near Threatened)

자주복,

치명적인 독을 품었다는 이유로
인간이 내세우는 정복욕의 희생양이 되지만,
관계의 거리를 지키며 공존을 지향하는 물살이.

"죽음과도 바꿀 만한 맛."

11세기 중국 송나라의 문인 소동파蘇東坡: 1137~1101가 복어에게 보낸 이 찬사는 여러 시대에 걸쳐 부풀려졌다. 복어를 탐낸 수많은 이들이 죽음을 피하지 못했지만, 이 사실은 오히려 복어를 향한 집착으로 이어졌다. 단순히 인간의 끝없는 식욕 때문이라는 말만으로는 설명할 수 없는 욕망이었다. '만물의 영장'을 자칭하는 인간이 강력한 힘을 가진 복어에게 경쟁심을 느낀 것이었을까.

복어를 먹기 위해 부단히 애써 온 것은 한국도 예외가 아니었다. 조선왕조실록에는 복어를 먹고 죽음에 이르거나 복어로 누군가를 독살한 사건들이 실려 있다. 목숨이 아깝거든 먹지 말라는 사람부터 황홀한 맛이라며 극찬하는 사람까지, 이 오랜 기록들은 복어를 향한 애증을 짐작하게 한다. 조선 후기 학자 이덕무李德懋: 1741~1793는 "잘 죽어도 서글플 텐데 어쩌자고 독소를 마구 삼키어 가슴에 칼날을 묻으려 드나"라며, 잠깐의 기쁨을 위해 목숨을 거는 세태를 한탄하기도 했다.

수없이 목숨을 잃고 도전을 거듭하며 복어를 굴복시킬 방법을 찾은 끝에 인간은 결국 독을 피하며 복어의 몸을 샅샅이 해체해 내는 방법에 도달했다. 지독한 욕망의 극치가 성취로 포장되는 순간이었다. 복어는 죽음까지 정복한 듯한 도취감과 온갖 환상을 불러일으키며 고급 식재료가 되었고, 캐비아, 트러플, 푸아그라와 함께 세계 4대 진미로 꼽히기에 이르렀다.

현재 한국에서는 복어를 특별 관리 어종으로 지정하고, 조리 자격이 있는 사람만 다루도록 전문 조리기능사 제도를 운영하고 있다. 복어 전문점을 자처하는 식당들은 복어의 희귀함을 내세워 '명인'이나 '보양식'과 같은 단어들을 식당 안팎 여기저기에 써 놓는다. 이러한 전문점에서 가장 쉽게 마주칠 수 있는 복어는 '자주복'인데, 이 또한 공장식 양식 기술의 대상이 되면서 자주복을 다루는 식당과 수산시장도 눈에 띄게 늘어났다. 최근에는 동해에서 살오징어를 잡던 채낚기 어선들도 줄어든 오징어 대신 복어를 대거 잡아들이고 있는 실정이다.

복어를 먹고 사망하는 사례는 지금도 계속 발생하고 있다. 독을 가지고 있다는 것은 자신을 함부로 탐하지 말라는 의사의 표현이지만, 인간은 이러한 기본적인 자연의 언어조차 무시하는 듯하다. 거리를 존중하며 함께 살자는 복어의 말은 생존의 이치가 통하지 않는 인간에게 언제쯤 닿을 수 있을까.

▲ 서울 중구의 복어 전문 식당 앞 수조에서 자주복 한 명이 창밖을 쳐다보고 있다.

허세 가득한 수식과는 어울리지 않는
차분하고 흔들리지 않는 눈빛의 자주복들이
식당 앞 수조를 채우고 있다.

복어는 누군가가 자신을 위협하기 전까지는
배를 부풀리지도 독을 쏘지도 않는다.
그저 고요히 경계하고 있을 뿐이다.

복어는 강한 독성 탓에 바다에서 천적이 드물다. 종에 따라 차이가 있지만, 복어의 독은 피부와 장기, 심지어는 혈액에도 들어있다. 이는 테트로도톡신^{Tetrodotoxin}이라는 신경계 독으로, 마비와 호흡 곤란을 일으켜 생명에 치명적이다. 이를 알고 있는 다른 존재들은 목숨을 내놓으면서까지 복어를 탐하지 않는다. 복어 또한 누군가가 자신의 생을 맞바꿀 각오로 공격하지 않는 한 독을 사용해 먼저 공격하지 않는다.

테트로도톡신은 본래 복어에게서 만들어진 것이 아니다. 이는 바다에 있는 특정 세균으로부터 출발한다. 독소가 생태계의 순환에 따라 이동하며 축적되다 보면 독이 쌓인 조개나 불가사리 등을 먹는 과정에서 복어의 몸속에도 독이 누적된다. 일부 복어는 체내에 공생하는 세균이 독을 만들기도 한다. 몸속에 독이 쌓여도 복어 자신이 해를 입지 않는 이유는 복어가 가진 테트로도톡신에 대한 강한 내성 덕분이다.

복어는 크고 단단한 이를 가지고 있다. 그 덕분에 해저에 있는 게와 가재 같은 갑각류를 쉽게 부숴 먹을 수 있다. 작은 입을 채우고 있는 두 쌍의 윗니와 아랫니는 마치 뾰족한 새의 부리를 연상시킨다. 위협을 느끼면 이를 빠득빠득 갈며 소리를 내기도 한다. 독으로 무장했다는 위협적인 사실과는 달리, 복어가 유영하는 모습을 보고 있자면 그야말로 고요하고 평화롭다. 둥글고 짧은 몸에 비해 복어의 지느러미는 자그마하다. 그 탓에 헤엄이 느린 편이고, 해초가 많아 물살이 약한 곳이나 갯바위나 산호 근처에서 살아간다. 겉모습으로 복어를 만만하게 생각하고 먼저 위협을 가하는 이들도 있지만, 이때도 복어는 자신의 무기로 적을 제압하기보다 배를 순식간에 부풀려 거리를 두라는 신호를 보낸다. 위장과 별개로 가지고 있는 확장낭이라고 하는 팽창 주머니에 물이나 공기를 가득 채워 몸을 공처럼 부풀린다.

거대한 바다의 일원으로서 복어에게 주어진 독. 모두 위에 군림할 수 있는 능력처럼 보여도 그는 이 힘을 함부로 휘두르지 않는다. 내려다보는 위계를 만들지 않고 혼자 살기보다 함께 공존하자는 바다의 이치를 복어로부터 발견한다.

▲ 복어는 위협적인 상대에게 경고하기 위해 몸을 공처럼 부풀린다.

뱀장어

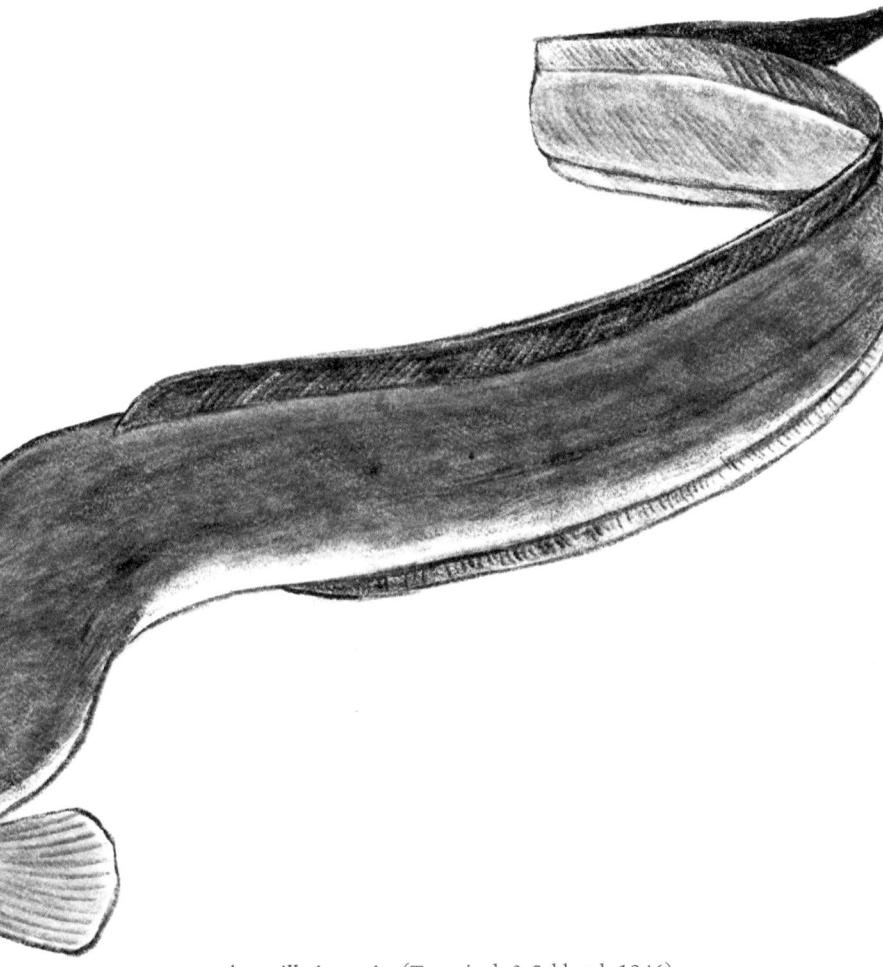

Anguilla japonica (Temminck & Schlegel, 1846)

동물계 > 척삭동물문 > 조기강 > 뱀장어목 > 뱀장어과 > 뱀장어속

IUCN 멸종위기등급: 위기(Endangered)

뱀장어,

콘크리트로 토막난 터전에서
납치와 죽음을 끝없이 마주하지만
흐름과 순환의 삶을 평생토록 살아내는 물살이

멈추지 않고 흐르는 물은 생명을 지탱하는 기본적인 원리다. 강이 바다가 되고, 바다가 다시 강이 되는 가운데 생명도 순환한다. 그러나 인간이 보와 댐을 쌓고 하굿둑과 방조제를 만들어 물을 가두고 흐름을 통제하려 하면서 사정이 달라졌다. 자유로이 넘실대던 물이 콘크리트 벽과 함께 뚝뚝 끊어지고 말았다. 평생 강과 바다를 마음껏 오가던 존재들은 경계에 가로막힌 채 자취를 감추기 시작했다. 뱀장어도 그중 하나였다.

▼ 전라북도 군산, 김제, 부안에 이르는 새만금 방조제는 바다와 강의 흐름을 가로막았다.

유엔환경계획^{UNEP} 산하 협약기구인 이동성 야생동물 보호 협약^{Convention on Migratory Species: CMS}에 따르면, 뱀장어나 고등어와 같이 세계 곳곳을 이주하며 살아가는 이주성 물살이 중 97%의 종이 멸종을 앞두고 있으며, 그 수가 1970년에 비해 2024년에 무려 90% 감소했다고 한다. 생존을 위협하는 여러 요인 중 하나는 서식지 손실과 분절로, 댐과 같은 구조물이 삶의 터전을 조각내 놓았기 때문이다. 이러한 사실에도 불구하고, 최근 지구가열화로 폭우와 홍수 피해가 심해짐에 따라 댐을 더 많이 건설하려는 움직임이 거세지고 있다.

오늘날 뱀장어는 멸종위기종이 되었지만, 그럼에도 줄지 않는 수요 탓에 연간 어업 수익이 수천억 원대에 달한다. 뱀장어가 멸종에 가까워질수록 뱀장어의 몸값은 더욱 치솟는다. 그 탓에 불법 어업이 더욱 기승을 부리며 자연에서 겨우 살아남은 뱀장어마저 잡아들이고 있다. 서해어업관리단과 해양경찰, 지자체가 협력해 금강 하구, 새만금방조제 주변, 곰소만 등을 중심으로 매년 단속에 나서고 있지만, 판매로 올린 수익에 비해 터무니없이 낮은 벌금 탓에 한국에서 뱀장어 불법 어업은 관행으로 굳어진 지 오래다.

한편, 싼값에 물살이를 대량으로 소비하기 위한 공장식 양식업이 뱀장어를 대상으로도 끈질기게 시도되어 왔다. 다행히도 뱀장어는 생애가 아직 완전히 밝혀지지 않은 덕분에 양식장에서 뱀장어를 강제로 번식시켜 대량 생산하는 일은 아직 벌어지지 않고 있다. 그 대신 양식장에서는 강 하구에서 어린 뱀장어를 잡아 수조에서 키우는 방식으로 뱀장어의 생애를 조작한다. 지구에서 가장 깊은 바다인 태평양 마리아나 해구에서 태어나 한국의 강까지 먼 길을 헤엄쳐 온 뱀장어는 그렇게 흐르는 물에서 격리되고 만다.

어릴 때는 실처럼 얇아 '실뱀장어'라고 불리기도 하는 뱀장어를 잡을 때는 그물코가 바늘구멍만 할 정도로 촘촘한 그물이 사용된다. 하지만 뱀장어를 노리는 그물이 강 하구를 휩쓰는 과정에서 다른 존재들을 너그럽게 살려줄 리 없다. 벽과 다름없는 조밀한 그물에는 뱀장어뿐만 아니라 모든 물살이가 잡히고 만다. 비싼 값이 매겨지는 뱀장어는 수조로 들어가고, 다른 이들은 죽은 채로 무참히 버려진다.

▼ 서울 마포구의 한 뱀장어 전문 식당 앞 수조에 뱀장어가 서로의 몸에 뒤엉켜 있다.

바다에서 태어나 바다에서 생을 마감하는 뱀장어는
강을 찾아가는 여정 가운데 납치되고 만다.
고요하고도 치열한 강에서 삶을 보내다
비로소 생의 끝에 마리아나 해구를 찾아가던
그에게 주어진 것은 사방의 투명한 벽.

바다도 강도 닮은 적 없는,
물이 흐르지 않는 곳.

[원산지: 국내산]

수조에 붙은 문구는 뱀장어의 생을 기만하는 듯하다.
그들의 생은 누구도 부정할 수 없이
깊고 먼 바다에서 시작되었다.

뱀처럼 몸이 길다고 해서 붙여진 이름, 뱀장어.
강에서 산다며 민물장어라고 불리기도 하지만,
이는 그 다채로운 생의 단면만을 보여줄 뿐이다.

심해에서 막 태어난 뱀장어의 몸은 버들잎이나 대나뭇잎을 닮았다. 생후 6개월에서 1년 동안은 투명한 이파리 모양의 몸으로 해류를 따라 흐르며 3,000킬로미터에 달하는 거리를 이동한다. 이때 뱀장어는 자기장을 섬세하게 감각하며 지구의 안내에 귀를 기울인다. 강에 도달하면 몸이 넓적한 잎 모양에서 얇고 긴 모양으로 바뀌고, 강에서 먹이 생활을 하면서 어른이 된다. 성장한 뱀장어는 강 하구에서 다시 태어난 곳으로 되돌아갈 준비를 하는데, 위와 장이 퇴화할 정도로 먹지도 쉬지도 않고 헤엄쳐 이동한 끝에 깊은 바다에 알을 낳고 세상을 떠난다.

생의 무게는 누구나 홀로 견딘다지만 뱀장어는 기나긴 여정을 혼자 떠나지 않는다. 비늘이 피부 안에 묻혀 있고 피부에서 점액이 나와 매끈한 몸을 지닌 덕분에 다 함께 미끄러운 길을 만들어 낸다. 뱀장어는 물길이 막힌 곳을 맞닥뜨리면 비가 오거나 날이 습할 때 뭍으로 올라가곤 하는데, 아가미뿐만 아니라 피부로도 호흡할 수 있어서 땅 위에서도 강을 찾는 여정을 이어 나간다.

바다의 깊이와 강의 길이를 온몸으로 살아내는 뱀장어. 끝없이 순환하는 그들의 생애를 보며, 멈추지 않고 위아래로, 앞뒤로 너울대는 파도를 떠올린다.

▲ 뱀장어는 한 생애에 걸쳐 넓적한 이파리 모양에서 길쭉한 원통형 모양으로 모습을 바꾼다.

대게

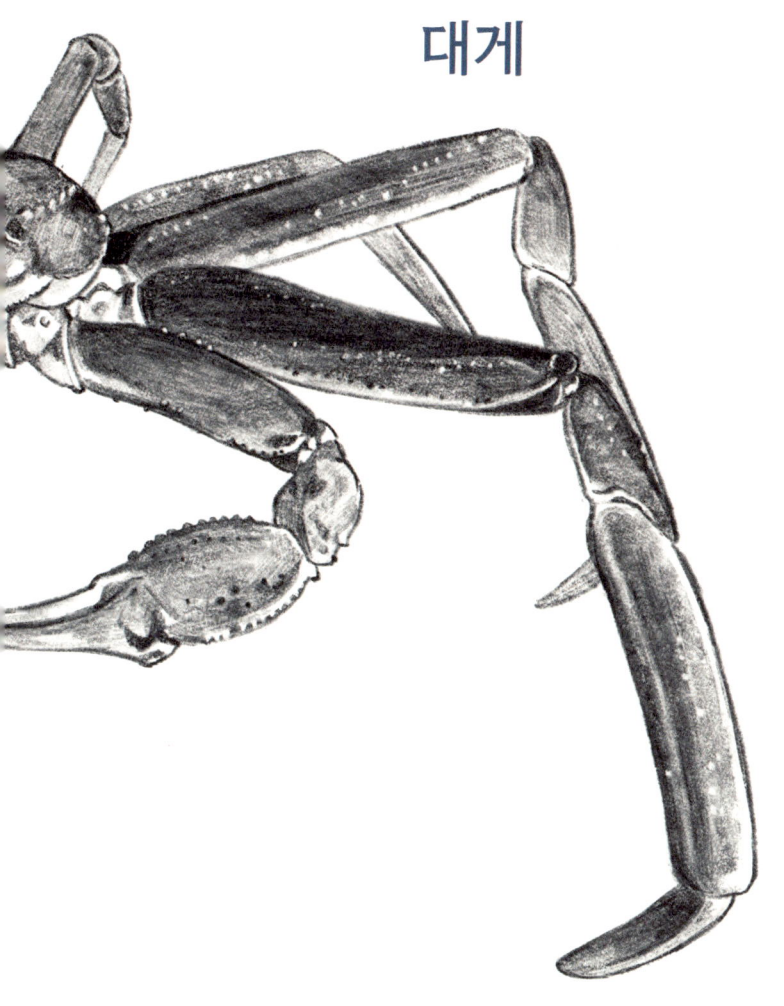

Chionoecetes opilio (O. Fabricius, 1788)

동물계 > 절지동물문 > 연갑강 > 십각목 > 긴집게발게과 > 대게속

IUCN 멸종위기등급: 미평가(Not Evaluated)

대게,

얼굴 없는 물건으로 여겨지며
모조품까지 만들어져 쫓기지만
과거를 오롯이 더듬으며 다음을 맞이하는 물살이.

바다에 인접한 지역은 물살이를 특산물로 내세우기에 열을 올린다. 바다에서 태어나 삶을 이어가던 물살이는 난데없이 지역이 '생산한 물건'이 되고 지역을 상징하는 얼굴로 떠오르지만, 그와 동시에 각종 음식과 오락의 재료로 소비되는 모순적인 수난을 겪는다.

그중에서도 경상북도 영덕과 울진은 오랜 시간에 걸쳐 대게의 신화를 만들어왔다. 조선에서 왕에게 진상하던 특산물 대게는 두 지역의 축제 덕분에 오늘날까지도 위상이 떨어질 줄을 모른다. 매년 2~3월에 일주일 간격을 두고 열리는 두 곳의 축제는 경쟁하듯 더 자극적인 방식으로 관광객들에게 대게를 체험시켜 주기 위해 애쓴다. 맨손 잡기와 낚시는 기본이고, 살아있는 대게를 수레에 싣고 장애물을 통과하며 가장 먼저 도착하는 팀을 겨루는 '대게 싣고 달리기' 게임도 운영된다. 대게를 어떻게든 체험과 놀이의 대상으로 삼으려는 창의력이 해마다 새로운 아이디어를 선보이는 실정이다.

대게를 향한 인간의 욕망은 대게의 모조품인 게맛살에서도 엿보인다. 게맛살은 값비싼 게의 살을 흉내내기 위해 1970년대 초 일본에서 처음 개발되었는데, 게의 살 대신 수많은 물살이의 살점과 전분 등을 섞어 만든다. 일종의 어묵인 셈이다. 인간에 의해 일방적으로 '잡어'로 취급되는 명태, 대구, 조기, 쥐치, 실꼬리돔 등은 게맛살을 만들기 위해 해외에서 싼값에 수입되어 분쇄기로 들어간 뒤 물건처럼 같은 모양으로 찍혀 나온다. 게맛살에 들어가는 게라곤 출처를 알 수 없는 게의 향뿐이다.

▼ 경상북도 영덕군의 대게 축제에서는 어린이를 대상으로 맨손 대게잡이 체험 프로그램이 운영된다.

대게 어업으로 유명한 강원도와 경상도의 수산시장까지 가지 않더라도 사람들이 몰리는 번화가에는 어디에나 대게 전문 식당이 버젓이 자리를 지킨다. 때때로 거대한 대게 조형물을 설치해 놓기도 하는 가게 바깥에는 수조마다 대게가 겹겹이 쌓인 채 여전히 살아있음을 증명하듯 쉴 새 없이 공기 방울을 내쉬고 있다. 이제는 대게가 잡히지 않는다는 뉴스가 보도되어도, 대게로 수조를 가득 채운 식당과 줄 서서 입장하는 사람들 앞에서는 그 사실도 선뜻 실감되지 않는다. 여러 지자체에서 어린 대게나 여성 대게를 잡는 것을 불법으로 지정해 단속에 나서지만, "수조가 비어 있으면 손님이 오지 않는다"는 말과 "지금 잡지 않으면 나중엔 더 없다"는 말만이 빙글빙글 돈다. 희귀해져서 더 많이 소비되고, 소비가 멈추지 않아서 계속해서 잡는 악순환이 반복되는 것이다.

어색하리만큼 깨끗하고 투명한 수조들을
갈색빛을 띤 대게들이 채우고 있다.
어떤 대게는 다른 이들의 몸에 짓눌려
옴짝달싹할 수 없고
어떤 대게는 수면으로 올라오지만
뚜껑에 가로막히고 만다.

그 옆을 지나치던 한 어린이는
"와, 대게가 엄청 많아!"라며 신기한 눈빛을 보낸다.
우두커니 수조 앞에 멈춰있던 한 행인은
'아…. 대게가 너무 많다.' 하고 허탈해하며
그들의 표정을 살핀다.

▼   서울 마포구 한 대게 전문 식당 앞 수조에 대게들이 겹겹이 쌓여 있다.

*오돌토돌한 껍데기와 투박하고 거친 생김새 너머
희미한 빛을 내는 섬세한 움직임.
대게는 자신의 몸을 오롯이 감각하며 새롭게 태어난다.*

대게는 수심 200~400미터 깊이의 모래바닥이나 진흙에서 살아간다. 다른 게나 새우와 같은 갑각류, 갯지렁이 등을 먹이로 삼지만, 죽은 뒤에 바닥에 내려앉은 다른 물살이들의 잔해를 먹어서 정리해 주기 때문에 바다의 청소부라 불리기도 한다. 대게는 따뜻한 물에서는 몸이 연약해져서 춥고 깊은 동해에 주로 터전을 잡는다.

대게라는 이름은 다리가 대나무의 모양을 닮았다는 데서 유래했다. 한 쌍의 다리에는 강력한 집게가 있어 '집게다리'라고 하고 네 쌍은 '걷는다리'라고 부른다. 위험을 느낄 때 스스로 다리를 자르기도 하지만, 시간이 흐르면 본래 모습대로 다리가 다시 자란다. 얼굴에서 쏙 솟아있는 눈은 눈자루에 달려 있다. 눈자루를 움츠렸다 내밀며 이마의 홈으로 눈을 숨기거나 꺼낼 수 있다. 두 눈은 사실 여러 개의 작은 눈이 모여 만들어진 것이다. 대게는 입에도 무려 세 쌍의 턱이 있어서 얼굴이 섬세하고 정교하게 움직인다.

대게의 단단하고 강인한 모습은 쉽게 얻어지지 않는다. 몸이 자라면 그동안 자신을 지켜주던 단단한 껍데기가 더이상 맞지 않게 되기에 이를 힘겹게 벗겨내는 탈피의 과정을 거쳐야 한다. 일 년에 한 번씩 탈피할 때마다 몸이 약 1센티미터씩 성장하며, 이 과정을 전 생애 동안 열 번 이상 거듭한다. 이때 대게는 온 신경을 집중해 정교하게 몸을 움직이는 데 쏟기에 공격에 취약해지고 만다. 탈피를 마친 후에도 당분간은 몸이 말랑말랑해서 위험에 그대로 노출된다.

그럼에도 불구하고 대게는 한순간에 앞서나가기보다 차근차근 나아가는 것을 선택한다. 미세한 감각으로 온몸을 구석구석 되짚으며, 연약한 몸을 천천히 돌아본다. 그렇게 아슬아슬하게 죽음의 경계를 빠져나온 대게는 새롭게 태어난다.

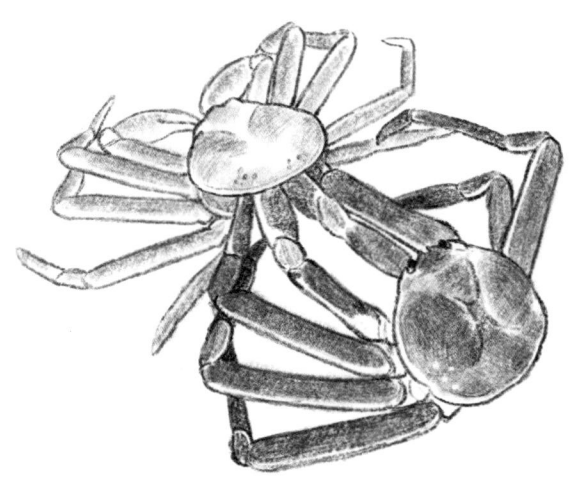

▲ 대게는 더 이상 몸에 맞지 않는 껍데기에서 조심스레 빠져나온다.

참전복

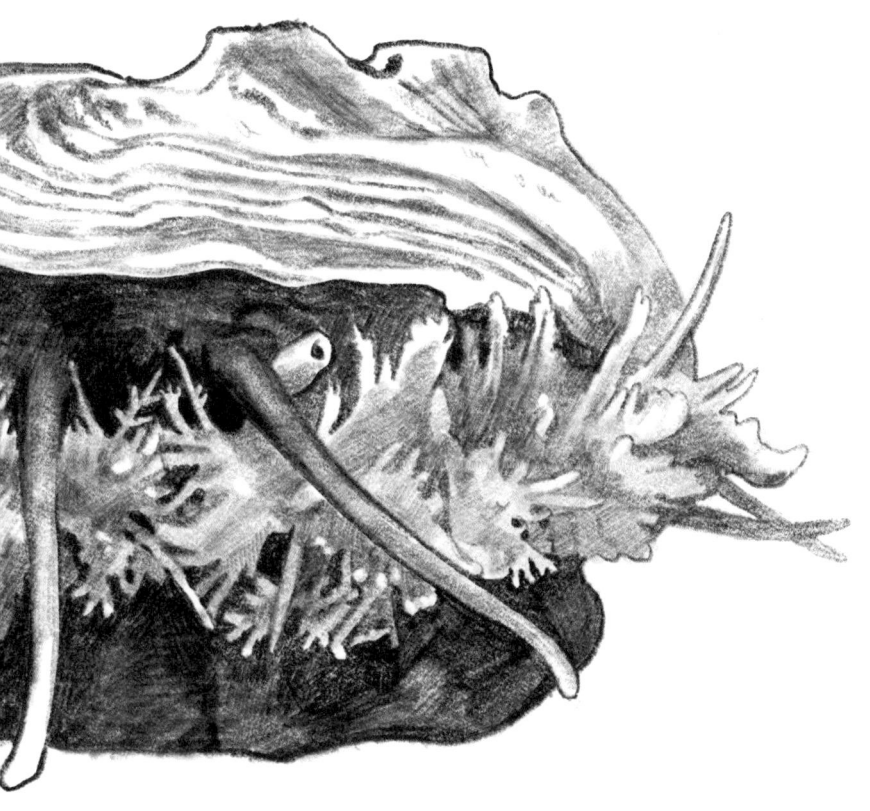

Haliotis discus hannai (Ino, 1952)

동물계 > 연체동물문 > 복족강 > 등구멍고둥목 > 전복과 > 전복속

IUCN 멸종위기등급 : 미평가(Not Evaluated)

전복,

쉬지않고 덮쳐오는 기후재난 속에서도
판매량과 수익에 따른 숫자로 취급되지만
단단한 무게감으로 존재를 드러내는 물살이.

푸른 제주 바다에서 물질하는 해녀의 모습에 뒤따라 연상되는 갓 건져 올린 전복. 바다의 내음과 자연의 풍요로움을 상징하는 것으로만 회자되는 이 장면은 사실 오래 전에 이루어진 사전 작업의 결과일 때가 많다. 밭에 씨를 뿌리고 농작물을 수확하듯 미리 어린 전복을 뿌려 두고 기다리는 것이기 때문이다.

하지만 바다의 시간을 기다려야 하는 해녀의 방식은 전복 소비량을 따라갈 수 없었고 가격도 계속해서 비싸졌다. 그 결과 전복을 대량으로 키우는 공장식 양식업이 당연한 수순처럼 시작되었다. 인공 수정 후 6개월가량 키운 어린 전복을 해상 가두리 양식장에 빽빽하게 넣어 놓고 길러내는 방식이었다. 전복은 2022년을 기준으로 한국에서 넙치에 이어 양식업 생산 금액 2위를 차지할 정도로 막대한 규모로 길러지고 소비되는 굴레에 붙잡히고 말았다. 수산시장을 둘러보면 큼직하게 '완도 전복'이라고 적은 간판을 숱하게 발견할 수 있다. 한국에서 팔리는 전복의 70% 이상은 완도에서 길러진 '참전복'이다.

이렇게 양식장에 대규모로 심어진 전복들은 인간이 초래한 기후 재난에 고스란히 노출되어 있다. 특히, 해수온 상승으로 바닷속에도 불볕더위가 지속되는 탓에 전복의 처지는 하루하루 벼랑 끝으로 몰린다. 수온이 1°C만 상승해도 전복의 먹이인 다시마와 미역이 죽고 바닷속 산소가 급격히 줄어들어 전

▼ 전라남도 완도군 앞바다에 전복 해상 양식장이 빼곡히 들어서 있다.

복은 생존을 위해 지난한 시간을 보내야만 한다. 매년 뜨거워지는 바다에서 수많은 전복들이 떼죽음을 당하지만, 양식장의 피해 금액이 아닌 전복들의 안부는 누구도 묻지 않는다.

뜨거운 수온으로 바다가 잿빛으로 변해가는 와중에 2023년 9월에는 후쿠시마 핵 오염수 방류라는 또 하나의 재난이 바다를 덮쳐왔다. 곧바로 거센 비판의 목소리가 쏟아져 나왔다. 물속에서 방사능에 직접 노출되는 생명들이 있다는 사실을 이제는 많은 이들이 걱정하는 듯 보였다. 그러나 그 걱정의 대부분은 바다를 인간의 먹거리 창고로 여기는 시선을 벗어나지 못했고, '앞으로 해산물을 먹지 못하게 된다'는 걱정만이 빠르게 퍼질 뿐이었다. 안전한 '해산물'이 사라진다는 우려는 많아도 물살이들의 안전을 걱정하는 목소리는 적었다.

해상 양식장에 갇힌 전복은 평균적으로 3년이라는 시간 동안 수많은 기후 재난에서 생존하더라도 끝내 수산시장으로 실려오는 결말을 맞고 만다. 이곳에서 전복은 대게나 가리비처럼 움직임이 적어 보이는 물살이와 함께 수조에 전시되어 있다. 보양식으로 취급되는 전복에게 '바다의 산삼'이라는 별명이 따라붙지만, 생명 없는 물건처럼 수납되고 적재된 전복에게는 이 별명이 전혀 반갑지 않을 것이다. 그러나 좁디좁은 수조 안에서도 그들은 무겁게 자신들의 생을 이어 나가고 있다.

▲ 노량진수산시장의 한 기계기 수조를 전복, 대게, 가리비 등으로 채워 놓았다.

전복의 넓적한 발들이 수조 벽을 가득 채우고
이를 목격한 행인의 발걸음이 점점 무거워진다.
행인을 불러 세우는 상인들의 목소리가 귓전을 때린다.
"싸게 해줄게. 여기 와 봐요."
"필요한 거 있어요? 다 싱싱하고 맛있어."

수조를 향해 시선을 둔 행인은 눈을 질끈 감았다가
괜찮다고 대답하며 떼어지지 않는 발길을
애써 옮기고 만다.

살랑거리는 미역 사이,
바위에 한 몸처럼 붙어 있는 전복.
바닷속에서는 눈에 띄지 않아 마주치기 어렵다.

전복은 움직이는 속도가 느려 다른 이에게서 빠르게 달아나기 어렵고 상대방을 먼저 제압하기 위해 나서지 않는 탓에 공격에 속수무책인 것처럼 보이기도 한다. 하지만 전복에게는 근육질의 빨판과 굳건한 패각이 있다. 껍데기 아래에서 강력한 완력으로 바위를 붙잡은 전복은 많은 것을 보여주지 않고도 자신의 자리를 지켜낸다. 투박해 보이는 전복의 패각은 안쪽이 탄산칼슘과 유기물이 겹겹이 쌓인 진주층 구조로 되어 있어 신비로운 무지갯빛으로 빛난다.

전복은 달팽이처럼 배에 넓적한 발이 달렸다. 머리에는 한 쌍의 더듬이가 있고, 눈은 그 아래에 있다. 입에 있는 치설로는 미역이나 다시마 등의 해조류를 갉아먹는다. 패각의 테두리를 따라 뚫려 있는 구멍은 호흡공이라 하는데, 아가미를 통과한 물을 이쪽으로 배출하고 정자와 난자를 내보낼 때도 사용한다. 이후 알에서 태어난 어린 전복은 한동안 물살을 따라 이리저리 부유하는 생활을 하다가 적절한 장소를 찾으면 자리를 잡고 정착한다. 모든 것을 내려놓고 순응하는 듯해 보이지만 한 자리를 온전히 지켜내기 위한 그의 일상 속에서 뿌리 내리는 힘을 발견한다.

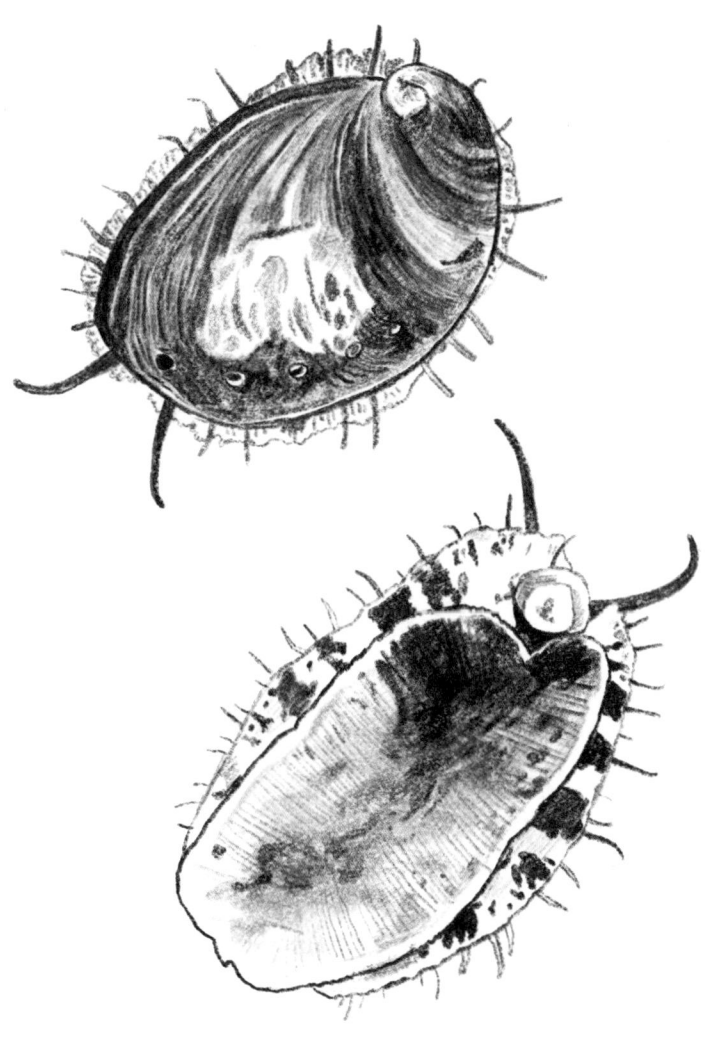

▲ 전복의 패각에는 호흡공이 3~4개 뚫려 있다. 머리에는 한 쌍의 촉각과 눈이 달려 있다.

감성돔

Acanthopagrus schlegelii (Bleeker, 1854)

동물계 > 척삭동물문 > 조기강 > 농어목 > 도미과 > 감성돔속

IUCN 멸종위기등급: 최소 관심(Least Concern)

감성돔,

저항의 사투가 오락으로 소비되고
고정된 틀 속에 존재가 규정되지만
경계 위에 흐르며 자신의 몸을 선택하는 물살이.

"왔어, 왔어! 이야, 사이즈 좋다."

낚시를 짜릿한 취미로 묘사하는 여러 예능 프로그램의 영향으로 낚시 인구가 빠르게 늘어났다. 2021년을 기준으로 해양수산부는 한국의 낚시 인구가 머지않아 1,000만 명을 넘어설 것이라 전망했다. 낚시 장비 또한 표적 맞춤형으로 제작되고 점점 고도화되고 있는 탓에 이제는 조업에 가까운 낚시를 하는 것도 어려운 일이 아니게 되었다.

낚시 앞에서는 매우 다양한 물살이가 사냥감이 된다. 그중에는 편애의 대상이 되는 물살이도 있고, 혐오의 대상이 되는 물살이도 있다. '낚시꾼의 로망'이라 불리는 감성돔은 전자에 해당한다. 감성돔은 낚싯바늘에 걸리면 격렬하게 저항하며 생존을 건 사투를 벌이는데, 낚시꾼들은 이를 두고 '손맛'이 짜릿하다고 말한다. 물 밖으로 끌려 나온 감성돔은 이내 경탄을 받으며 '4짜'나 '5짜'와 같은 숫자 표현과 함께 크기와 동일시되고 등급이 매겨진다.

감성돔을 쫓는 과정에서 낚시는 주변 생태계를 초토화시킨다. 주로 암초 가까이 사는 감성돔을 잡기 위해 낚시꾼들은 갯바위에 구멍을 뚫고 중금속 덩어리인 납추를 밀어 넣어 낚싯대를 고정한다. 버려진 낚싯바늘과 낚싯줄, 미끼용 밑밥과 함께 술병, 맥주캔, 가스버너가 자리를 어지럽히기도 한다. 해양보호구역이나 특별보호구역으로 지정된 가거도, 추자도, 거문도와 같은 곳들도 상황은 마찬가지다. 어업이나 낚시를 금지하지 않는 허술한 제도 탓에 오히려 낚시의 성지로 여겨진다. 국립공원공단에서는 낚시 피해가 극심해짐에 따라 2021년부터 거문도 일부 구역을 시작으로 '갯바위 생태휴식제'를 도입해 낚시꾼의 유입을 줄이고 생태계를 조금씩 회복시키는 성과를 얻고 있지만, 낚시를 전면 금지하는 데까지는 나아가지 못하고 있다.

▼ 울산 울주군 앞바다의 갯바위 위에 서서 낚시꾼들이 모여 낚시를 하고 있다.

포즈를 잡는 사람들 사이에서 감성돔은 트로피처럼 손에 들린 채 중심에 놓인다. 바늘에 구멍이 뚫리고 뒤틀어져 버린 턱과, 숨이 막혀 허공을 긁는 눈빛이 사진에 고정된다. 죽음을 눈앞에 둔 처지를 가엽게 여기듯 이윽고 바다로 돌려보내 주겠다는 말이 따라붙지만, 몸부림치며 말했던 저항을 처음부터 거절로 받아들이지 않은 이유는 아무도 설명하지 않는다. 반문할 시간도 없이 물속으로 던져진 감성돔은 쫓기듯 사라진다. 그 삶은 이전과 같을 수 없다.

바다로 돌아가지 못한 감성돔은 그 자리에서 접시에 오르거나 스티로폼 상자로 들어간다. 감성돔은 참돔, 돌돔, 벵에돔과 함께 '4대 돔'으로 묶이며 고급 횟감으로 분류된다. 감성돔은 몸이 검은빛을 띤다고 해서 '바다의 왕자', 분홍빛의 참돔은 '바다의 여왕'으로 불린다. 감성돔의 생애와는 무관하게 성별을 의인화한 표현들이다. 감성돔의 몸은 음식이자 오락거리이자 상징이 되고, 바닷속의 삶은 점차 희미해진다. 크기, 색, 성별, 이름이라는 언어의 틀 안에서 감성돔은 생명이 아닌 속이 빈 범주가 되어 버린다.

상업 어업과 취미 낚시 모두 감성돔을 잡는 데에 혈안이 되어 있는 가운데 감성돔은 바다에서 살아남기 쉽지 않은 현실에 처했다. 이에 어족 자원 확보라는 목적으로 어린 감성돔을 길러내는 양식업이 성행하기 시작했고, 인공적으로 키워 낸 감성돔을 바다에 방류한 다음 다시 어업과 낚시로 잡아들이는 착취의 굴레가 반복되고 있다.

느닷없이 물 밖으로 끌려 나와 숨이 막히는 순간
전리품처럼 손에 들려 사진 찍히고 전시되던
고통은 온몸에 선명히 남을 것이다.

틀 안에 갇혀 돌고 돌던 그들 앞에
또 다른 틀을 씌우게 되지는 않을까
행인은 섣불리 말을 꺼내지 못한다.

▼   서울 마포구의 어느 횟집 수조에 감성돔이 다른 물살이들과 함께 갇혀 있다.

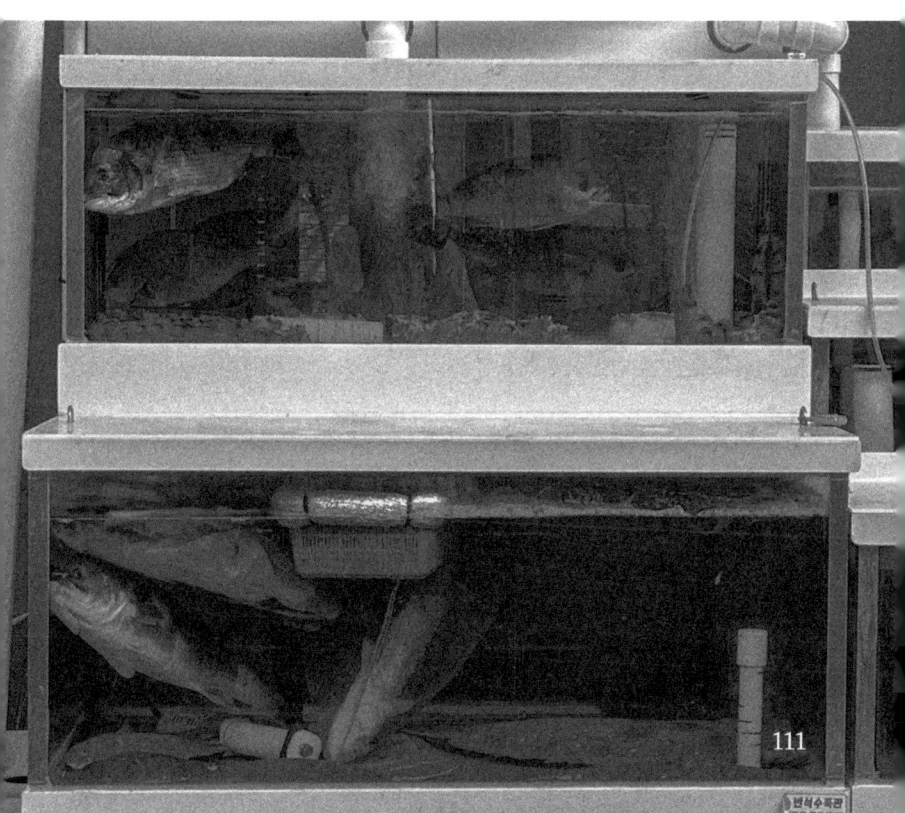

'검은 돔'이라는 명칭이 바뀐 이름, 감성돔.
그 단편적인 이름에 가둘 수 없는 감성돔의 생애는
실로 이분법적인 성별의 틀을 부수는 여정이다.

    감성돔은 광택이 나는 검정색 몸과 날렵한 등지느러미를 지니고 있다. 등지느러미를 따라서는 날카로운 가시가 나 있다. 턱과 이빨이 강력해서 게나 새우 같은 갑각류와 조개 등을 껍질째 씹어먹을 수 있다. 타원형의 넓적한 몸에 가슴지느러미가 발달한 덕분에 복잡한 암초 사이를 헤엄쳐 다닐 수 있을 만큼 유영 실력이 섬세하고 뒤로 헤엄치는 것도 가능하다. 눈과 귀가 밝아 낚싯줄만 봐도 뒷걸음질 치며 도망갈 수 있으며, 낚시찌가 물에 퐁당 떨어지는 소리를 듣고 몸을 숨기기도 한다.

    알에서 태어난 감성돔은 정소를 지니고 있다. 하지만 돌이 지나면 난소가 생기기 시작하다가, 두세 해가 지날 즈음부터는 정소와 난소를 모두 가진 몸이 된다. 이 기간 동안 감

▼   감성돔은 예민한 감각으로 낚시꾼을 피해 달아난다.

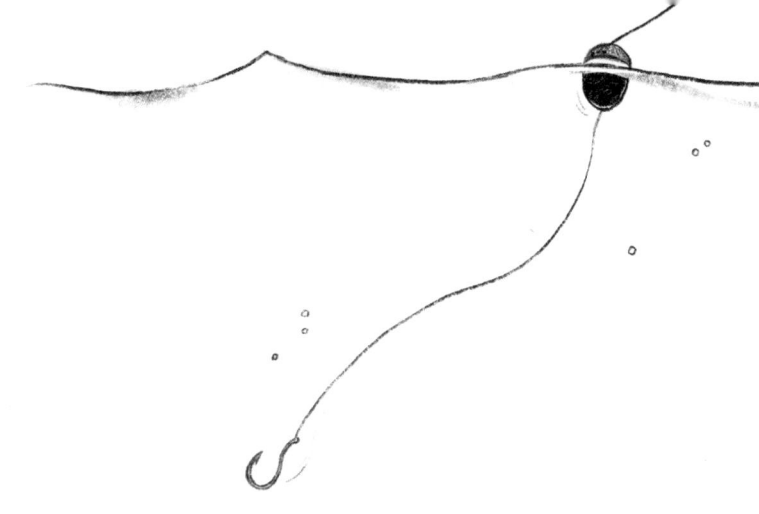

성돔은 여성일수도, 남성일수도, 여성도 남성도 아닐 수도 있다. 어쩌면 감성돔은 생식 기관만을 기준으로 성별을 규정하는 것에 별다른 의미를 두지 않을지도 모른다.

  네다섯 번째 생일을 지나는 감성돔은 둘 중 하나의 생식 기관만 남긴 몸으로 변한다. 대부분은 정소가 퇴화하며 난소만 남은 몸이 된다. 하지만 이를 두고 감성돔이 자신의 성별을 양자택일했다고 단정하기는 어렵다. 감성돔은 살면서 여러 몸을 통과한 감각으로 인간보다 풍부한 관점으로 성별을 바라보지 않을까. 인간이 지어낸 어떤 틀에도 갇히지 않고 다양한 몸의 경계를 자유롭게 흐르는 감성돔. 그 비늘에 새겨진 무늬는 언제나 무지개처럼 반짝인다.

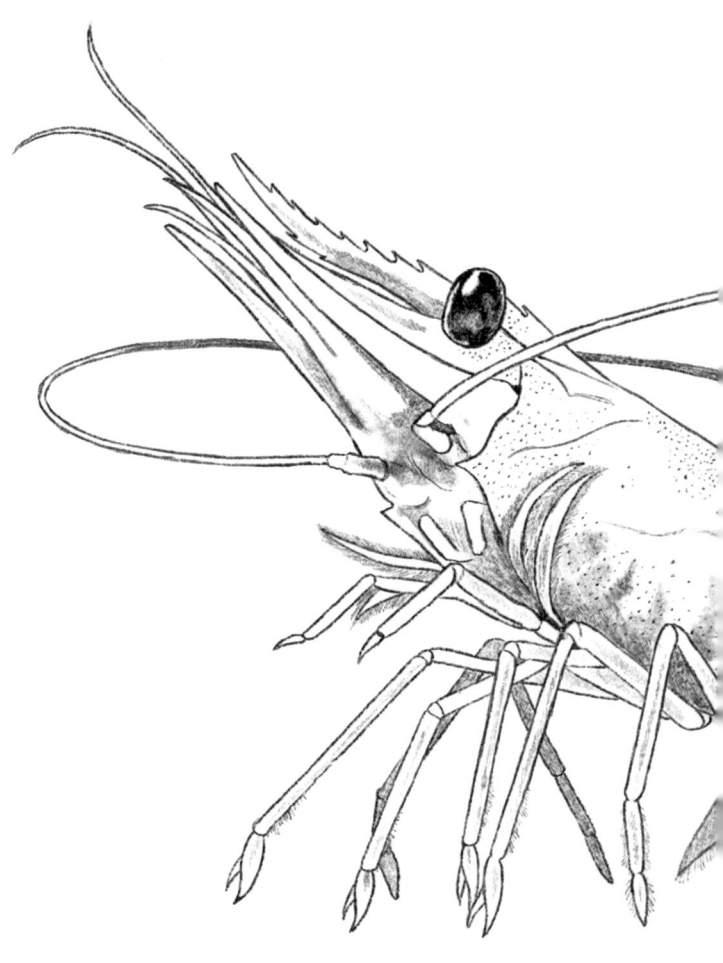

대하

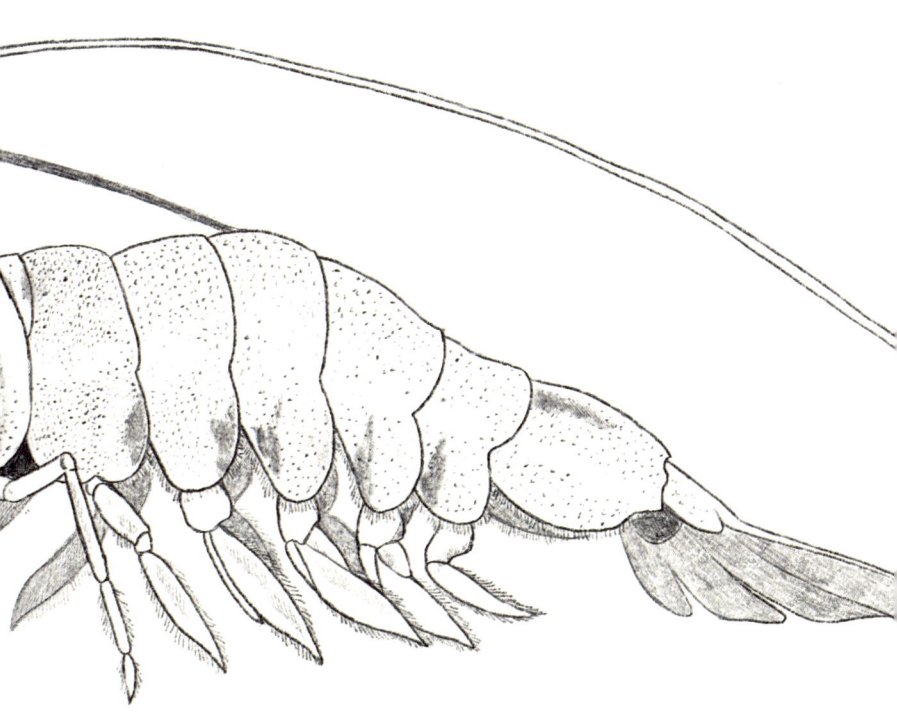

Penaeus chinensis (Osbeck, 1765)

동물계 > 절지동물문 > 연갑강 > 십각목 > 보리새우상과 > 얼룩새우속

IUCN 멸종위기등급: 미평가(Not Evaluated)

새우,

지속 가능한 양식업이라는 허상 아래
첨단 기술로 생애가 조작되고 통제되지만
섬세한 몸으로 바다를 감각하는 물살이.

바다를 그물로 헤집어 물살이들을 싹쓸이하는 어업이 되돌릴 수 없는 위기를 맞은 이래, 줄지 않는 해산물 소비에 발맞춰 양식장이 매년 빠르게 늘어나고 있다. 유엔 식량농업기구FAO에서는 2022년을 기점으로 양식업 비율이 바다에서 이루어지는 어업을 앞지르며 사상 최대치를 기록했다고 밝혔다. 단 10개국이 전체 양식 생산량의 89.8%를 차지하며, 여기에는 한국도 포함되어 있다.

마트의 냉동 코너부터 초밥집, 고급 뷔페, 캠핑장의 불판에 이르기까지, 어디서든 빠지지 않고 등장하는 새우는 이러한 양식업의 확장 속에서 국가와 문화권을 가리지 않고 대량으로 소비되는 물살이다. 전 세계에서 거래되는 '수산물' 중 16%가 새우라는 통계를 보면 그 수가 얼마나 막대한지 알 수 있다. 이렇게 많은 새우는 어디에서 와서 어떻게 식탁까지 오는 것일까. 한 번쯤 질문해 볼 법도 하지만, 그 출처와 여정에 대한 질문은 쉽게 머릿속에서 사라져 버린다.

지금까지 한국에서는 대하가 '자연산'이라 불리며 비싼 값에 팔려 왔다. 한때 서해 연안에서는 자망어업으로 대하를 잡았다. 띠처럼 그물을 길게 쳐두고, 물때에 맞춰 기다리는 방식이었다. 그러나 자연에서 잡는 대하의 수는 끝없이 늘어나는 수요에 비해 턱없이 부족했고, 2000년대 초반까지 공장식 양식이 병행되었다.

▼ 인도네시아의 어느 연안에 새우 양식장이 가득 들어서 있다.

문제는 좁은 수조 안에 밀집된 대하가 건강하게 살 수 없다는 사실에 있었다. 매해 흰반점바이러스라는 치명적인 전염병이 순식간에 퍼지면서 수많은 대하가 떼죽음을 당하는 일이 반복되었다. 그러자 질병에 강한 외래종을 물색한 끝에 멕시코와 페루 해안에서 살아가는 흰다리새우가 한국에 잡혀와 양식되기 시작했다. 흰다리새우는 주로 남아메리카와 동남아시아에서 맹그로브 숲을 밀어내고 세운 양식장에서 길러져 전 세계로 수출되는데, 최근에는 한국에서 기르는 양만 해도 2022년을 기준으로 9,504톤에 이를 정도가 되었다.

이렇듯 셀 수 없는 목숨을 무게로 뭉뚱그리기 바쁜 새우 양식 산업은 날로 거대해지는 규모와 마찬가지로 그 방식 또한 첨단으로 질주하고 있다. 대표적으로 한국에서는 수조에 남겨진 배설물과 사료 찌꺼기를 식물 플랑크톤 등과 결합해 만든 미생물 군집과 인공지능 알고리즘을 활용해 수질을 관리하는 바이오플록biofloc 양식 기술이 '스마트 친환경 양식'이라는 의문스러운 이름 아래 각광받고 있으며, 연구소에서는 새우를 개량한다는 명목으로 끊임없이 실험을 반복한다.

고무 대야를 가득 채운 새우들.
'살아있는 새우'라는 문구가 행인의 눈에 밟힌다.
새빨갛게 익은 몸도, 둥글게 말린 몸도 아닌
회색빛의 몸, 반투명한 몸.

▲ 노량진수산시장의 한 가게에서 낮은 플라스틱 바구니에 흰다리새우를 담아 판매하고 있다.

허리를 곧게 펴고 헤엄치는 새우가
당장이라도 대야 밖으로 뛰쳐나올 것만 같다.
살아있는 새우의 '싱싱함'에 눈길을 빼앗기다
갈 길을 잃은 채 물속을 떠도는 새우를 발견한다.

이렇게 있는 걸 산다고 할 수 있을까.
멎지 않는 의문에 붙잡힌 채
어지러움을 느끼고 만다.

새우는 다양한 감각기관으로 이루어진 정교하고 섬세한 몸을 지녔다. 알에서 깨어나 동물 플랑크톤의 형태로 떠도는 동안 세 단계나 되는 변화를 거치며 정교한 몸으로 성장한다.

　뿔이 달린 머리에는 수염이 좌우로 길게 뻗어 있고, 그 뒤로 여러 쌍의 다리가 이어진다. 턱다리, 가슴다리, 배다리, 꼬리다리로 저마다 다른 이름을 가진 이 다리들은 각각 중요한 역할을 맡는다. 가슴다리는 주로 바닥을 걷는 데 사용된다고 해서 '걷는다리', 배다리는 물속에서 헤엄칠 때 쓰인다고 해서 '헤엄다리'라고 불린다. 긴 수염과 턱다리들은 촉각을 담당해 해류의 흐름과 온도 변화, 냄새 등을 예민하게 감지할 수도 있다. 새우가 다리를 포르르포르르 움직이며 자유롭게 걷고 헤엄치는 모습은 무척이나 리듬감 있다. 톡톡 튀면서 빠르게 몸을 자유자재로 옮기는 동작에서는 새우가 자신의 움직임을 얼마나 정밀하게 조정할 수 있는지가 드러나기도 한다.

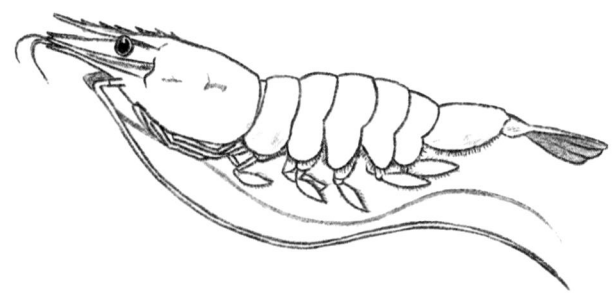

▲ 새우는 정교한 몸으로 주변을 섬세하게 감각한다.

▲ 낮에는 주로 모래에 파고든 채 시간을 보낸다.

갑각류에 속하는 새우의 몸은 여러 차례 거치는 탈피와 함께 성장한다. 특히 몸길이가 20센티미터에 이르는 대하는 평생 서른 번가량 껍질을 벗는다. 낮에는 모래 침전물 속으로 파고든 채 바닷속에 쌓이는 입자들 속에서 모래를 한 알 한 알 골라내며 시간을 보내고, 밤이 되면 밖으로 나와 활동한다. 대하는 생애 주기와 계절에 따라 강어귀와 먼바다를 오가며 바다의 이치를 따르는 물살이다. 가을까지 연안에 머무르다 11월에서 12월경 깊은 바다로 향하고, 이듬해 4월이면 다시 연안으로 돌아와 서해의 진흙질 얕은 바다에 알을 낳는다.

오랜 시간 감각을 다듬고 수없이 성장해 온 대하는 거추장스러운 껍데기도 혀끝을 만족시키기 위한 단백질도 아니다. 계절의 바람과 바다의 온도를 온몸으로 느끼고 순환을 따르는, 대하의 살아있는 몸. 율동과 활기로 가득한 그 존재 앞에 날이 잔뜩 서 있는 우리의 손을 비춰 본다.

물고기 아닌 물살이 선언

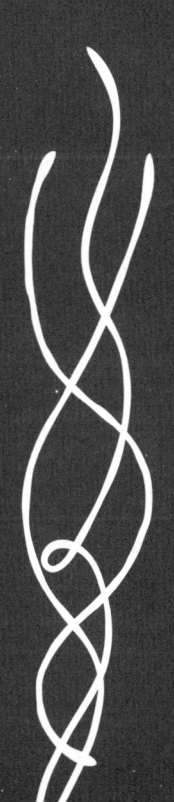

**우리는 물살이다.
물로 맞닿고 물로 연결되며
물에 기대어 살아가는 존재이므로.**

우리는 물에서 살아간다. 물은 우리를 감싸고, 우리의 몸을 지탱하며, 우리의 숨을 적신다. 물속에서 우리는 서로를 감각하고 존재를 느끼며 진동을 공유하고 물결을 함께한다. 나를 통과한 물은 다른 이의 숨이 된다. 다른 이에 머물렀던 물도 나의 몸속을 흐른다. 같은 물 안에서, 우리는 물을 매개로 맞닿아 있으며 물로써 이어져 있다. 물의 가능성과 더불어 우리는 어디든 갈 수 있고 누구든 될 수 있다.

물은 나눌 수도, 가둘 수도 없다. 강과 바다를 멈추고 소유할 수 있다는 믿음은 오만이다. 어떤 벽도, 어떤 울타리도 물을 영원히 거스르지 못한다. 우리는 오랜 역사 동안 결코 멈춘 적 없는 강과 바다에서 비롯되었기에, 물에 속한 존재로서 강과 바다를 모두의 것으로 경험한다. 거대한 공동의 터전에서 더불어 살아가는 기본적인 원리로써 우리는 이를 기억하고 따른다.

우리는 물살이다.
물에서 태어나 물에서 죽는 것을
마땅히 주어진 운명이자
도리로 여김으로써.

우리는 모두 물에서 태어났다. 고향은 바다였고, 팔과 지느러미, 모양은 달라도 시작은 하나였다. 우리의 몸에 기록된 흔적과 함께 우리는 바다의 기억을 간직하며 살아간다. 우리 모두는 세상에 나오기 전에도 작은 바다에서 생을 준비하지 않던가. 그러므로 물에서 비롯된 우리가 물로 돌아가는 것은 당연한 일이다. 생명 가득한 물은 삶의 여정에서 우리의 몸을 가득 채우고, 그 끝에서 우리는 다시 물로 돌아간다. 우리는 끝끝내 물로 돌아간다. 물이 멈추지 않는 한, 우리의 삶과 죽음은 끝없이 순환한다.

우리는 개별자로서 연약한 존재라는 사실을 받아들인다. 홀로 살아남으려 애쓰는 대신 서로에게 기대어 살기로 한다. 서로의 생을 지탱하고, 서로의 죽음에 침묵하지 않으며, 함께 관계 맺는 서로의 곁에 머문다.

우리는 물살이다.
흐름을 가두는 오만을 거부하고
생을 향한 의지로 끝없이 저항하기에.

흐름과 순환을 끊어 소유와 풍요를 얻을 수 있다는 믿음은 터무니없다. 우리는 물에서 태어나고 물에 기대어 사는 존재라는 사실을 기억해야 한다. 물에 기대지 않고도 살 수 있다는 착각을 경계해야 한다. 물에서 멀어지고 물로 연결된 서로에게서 떨어질수록 외로움 속에 표정 없는 기계가 되어갈 뿐이다.

우리는 반드시 물로 돌아간다. 투명한 벽에 가로막혀 비좁은 감옥에 놓여도 기억은 작아지지 않는다. 물밖에 내던져진 수많은 죽음들, 파르르 떨리는 지느러미와 뜯겨나간 아가미, 바닥에 떨어지는 핏방울…. 그것이 우리의 전부일 수는 없다.

우리의 의지는 가라앉지 않는다. 우리는 계속 흐른다. 같은 자리를 빙빙 돌고, 뭉쳐 있다가 흩어지고, 흩어졌다가 다시 모이는 움직임으로 우리는 바다와 강, 우리를 낳은 터전의 박동을 잃지 않는다. 몸을 비틀고, 고개를 내밀고, 배를 내보이는 우리의 몸짓과 기척도, 물을 거스르는 삶에 대한 경고이자 우리 자신의 생을 향한 투쟁이다.

**서로에게 속한 존재로서
공존의 감각을 되새기는
우리는 물살이다.**

'우리'는 수량이 아니라 존재 방식이다. 우리로 살아간다는 것은 나 아닌 존재를 내 안에 들이는 일이며, 스쳐가는 타자를 나의 일부로 느끼는 일이다. 우리는 따로 흐르지만 함께 일렁이고, 멀리 떨어져 있어도 같은 바다의 기억으로 연결되어 있다. 이 결속은 계약이 아니라 감각이다. 너의 생이 나의 생과 맞닿아 있다는 것을 느끼는 감각. 그것이 우리가 지켜야 할 가장 근본적인 관계다.

그래서 우리는 다시 흐르기로 한다. 고여 있던 침묵의 자리에서 생의 울림으로, 막혀 있던 무관심을 넘어 서로의 곁으로.

**마지막으로 선언한다.
우리는 모두 물에서 태어난
공통의 기억을 지닌 물살이임을.**

**물살이로 응답함으로써
우리의 관계는 끝없이 확장될 수 있다.**

이어지는
행인의 기록들

김한민
작가. 『착한 척은 지겨워』, 『탈인간 선언』, 『아무튼, 비건』 등의 책을 쓰고 그렸다.

다이버 친구에게 들은 넙치 얘기. 그가 제주에서 처음 다이빙을 배웠을 때, 강사는 작살로 넙치를 잡아 즉석에서 회를 치는 시범을 보였다. 강습생들은 박수를 치며 나눠 먹었다. 친구는 나중에 해외를 나가서야 넙치 잡기 따위는 다이빙교육의 일부가 아니라는 걸, 다이빙이란 생명 존중부터 배워야 한다는 걸 뒤늦게 깨달았다. 세상의 모든 다이버들만이라도 넙치 편이 된다면, 바다는 또 얼마나 든든할까?

일생을 한없이 넓은 바다에서 쉬지 않고 헤엄치며 살아가는 그들은, 스스로를 지키는 방법을 잘 알고 있다. 때로는 반짝이는 물결과 한 몸이 되기도 하고, 서로 연대하며 커다란 몸을 만들기도 한다. 그보다 더 커다란 그물에 집어삼켜져 좁은 수조에 감금되었을 때도 마찬가지다. 그곳에는 더 이상 그들의 몸을 숨겨줄 물결은 없지만, 바다를 기억하듯 등의 푸른 무늬를 일렁거리며 동료들과 끝없이 헤엄치고 끝없이 연대한다. 언제라도 물살을 가르며 다시 바다로 돌아갈 것처럼. 인간의 탐욕이 멈출 날까지, 모든 존재가 마땅히 있어야 할 곳으로 돌아갈 날까지. 나 또한 동료들과 끝없이 해방을 외칠 것이다.

김희라
시셰퍼드 코리아 활동가. 소외된 곳에 빛을 비추고 목소리를 입혀주는 그림을 오래도록 그리고 싶다.

어느 부드러운
노랑가오리의
하루를 상상해 본다.
위로 보는 눈과 아래로 쉬는 숨을.
부지런히 나아가는 넓은 가슴을.
낮은 모래를 덮은 밤을 상상해 본다.
하나 둘 사라진 수조에 홀로 남아
자신을 알아보는 누군가를 향해 유리벽
가까이 몸을 가져다 대는
납작한 노랑가오리의
어떤 하루를 상상해 본다.

복어를 먹기
위해서는 복어의 몸을
해체하고 독을 빼내어
'가식 부위'와 '비가식
부위'로
나누어야
한다.
이 과정에서
살아있는 복어의 뇌와
척수를 끊어 움직임을
둔화하고 강한 이빨이 달린 주둥이를 자르고 독이
있는 눈과 창자를 하나하나 제거한다. '복어의 몸을
샅샅이 해체해 독을 빼내는' 과정은 어쩐지
기시감이 든다. 한국 사회가 약자를 대하는
태도와 크게 다르지 않기 때문이다. 인간을 쓸모에
따라 나누고, '쓸모없음'으로 분류된 사람들을
사회의 '독'으로 규정하고, 움직일 권리와 정치적
표현을 제한함으로써 이들을 사회에서 제거해
왔다. 복어와 다른 많은 물 생명을 '물고기'라는
단어에서 해방하는 이 책은 쓸모의 이분법으로
희생된 많은 인간 존재들, 어쩌면 끊임없이
자기 존재를 증명해야 한다는 강박에
사로잡힌 우리 자신을 해방하고
있는 건 아닐까.

계미현
시인이자 창작집단
'개미와 꿀벌'의 일원이다.
웹 시집 『현 가의 몰락』
(The Fall of the
Hyuns)이 있다.

조해민
시셰퍼드 코리아 활동가와
상괭이 다큐멘터리의 조연출을 거쳐
현재 서울환경연합에서 도시 속
인간과 비인간의 공존을 모색하고 있다.

누군가 씹고 뜯고 맛보는 당신의 다리, 당신의 머리, 당신의 몸은 바다의 어둠을 우아하게 가르는 날개, 은빛 물결을 따라 춤을 추는 몸. 당신의 세상에 날카로운 폭풍이 휘몰아칠 때, 펼쳐지는 검은 먹물의 향연을 보았다. 당신의 아름다운 몸은 흩어지는 먹물을 따라 수면 위로 사라졌다. 잡지 말라. 가두지 말라. 바다의 품에 머물게 하라. 당신은 바다에서 살아야 할 존재다. 당신의 삶과 터전을 파괴하지 말라. '당신'은 바다와 연결된 존재다.

장희지
다시 태어난다면 미지의 세상을 유영하는 물살이가 되고 싶은 인간 동물. 동물해방물결에서 활동하며, 모든 동물의 해방을 꿈꾼다.

현존하는 매 순간에 살며 반응하는 몸짓, 그 몸짓들이 이어지며 뱀장어의 몸은 몇 번이고 격변한다. 투명했던 몸이 짙게 변하기도 하고 산란하러 갈 때는 위나 장과 같은 소화기관을 퇴화시키기도 한다. 뱀장어들은 스스로를 열어두고 세계를 고스란히 받아들이며 바다에서 강으로, 강에서 바다로 수천킬로미터를 맨몸으로 거침없이 나아간다. 나도 그렇게 살고 싶다, 뱀장어처럼. 강인하게, 유연하게, 단호하게, 묵묵히.

박지연
생태, 예술, 평화운동의 경계를 흘러다니는 노동자. 현재는 생명다양성재단 연구원으로 일하고 있다.

희음
뽑히고 무너지는 자리에
물렁물렁한 몸으로나마 서 있고
싶어 한다. 창작하고 기록하고
공부하고 사회운동한다.
멸종반란, 기후위기 앞에
선 창작자들의 활동가.

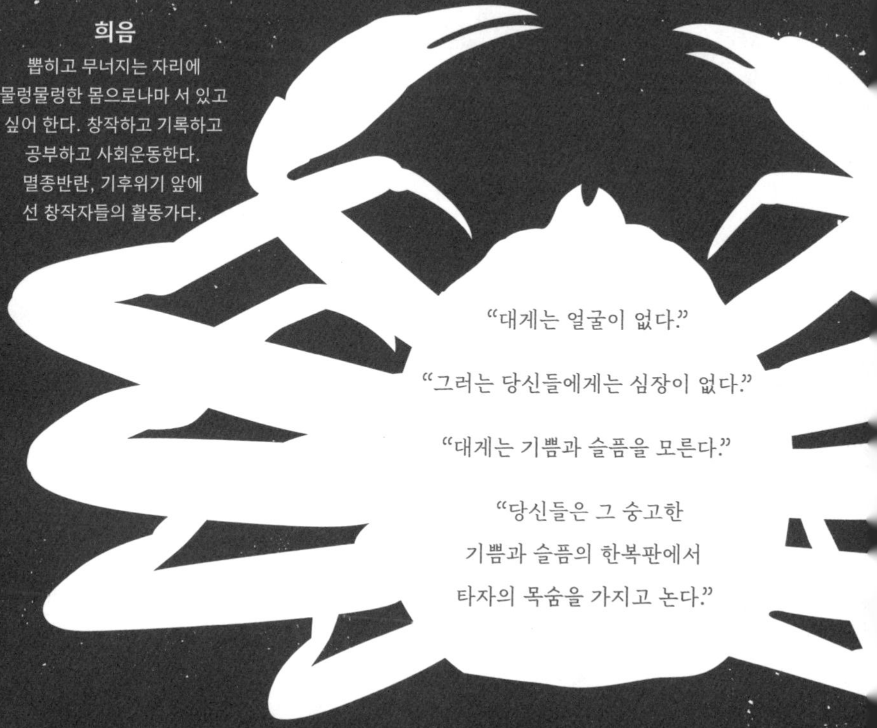

"대게는 얼굴이 없다."

"그러는 당신들에게는 심장이 없다."

"대게는 기쁨과 슬픔을 모른다."

"당신들은 그 숭고한
기쁨과 슬픔의 한복판에서
타자의 목숨을 가지고 논다."

혜리
새벽이생추어리 활동가.
다종의 동물 돌봄을 통해 동물과의
관계 맺음에 대해 고민한다.

사전에 '참전복'은 보양식이나
공예품의 재료로 쓰인다고 적혀 있다.
회, 술안주, 죽, 자개, 단추.
맛이나 용도를 지우고 바다의 생명,
물살이로 다시 정의하는 세상을 꿈꾼다.

강한 저항으로
짜릿한 손맛을 느끼게 해 준다는
'꿈의 물고기' 취급은 감성돔에게 너무나 죄스럽고
부끄러운 대우이다. 해수에서 기수, 담수를 넘나드는 그는 성별을
필요와 시기에 따라 바꾸며 세상을 온통 뒤집어 놓는다.
이 검은 물살이에게는 인간이 멋대로 그어놓은 틀이
한없이 비좁기만 하다. 인간 동물과 물살이의 경계를 지우고,
남성과 여성의 이등분선을 마음껏 흐리는 감성돔은 넓적한 물살이의
언어를 빌려 말한다. 갑갑한 틀을 벗어던지고
무지갯빛 찬란한 멋진 세상으로
헤엄쳐 나가자고.

물도깨비
바다 환경 문제 전문 출판사
한바랄을 운영하고 있다.
착취와 개발이 아닌
바다와 생명의 시선에서
환경 문제를 이야기한다.

장은나

마포에 사는 비건 퀴어 페미니스트. 이곳저곳에서 마케터와 콘텐츠 기획자로 일해왔다. 비건먼지 채널을 운영하며, '남미새 페미니스트의 섹슈얼리티 탐구 칼럼'을 연재했다.

해산물을 싫어했다. 회는 차갑고 물컹해서, 게나 조개는 비려서, 생선은 가시가 싫어서. 거의 유일하게 거부감 없이 먹던 *물살이*는 새우였다. 볶음밥에도, 파스타에도, 파전에도, 게다가 각종 국물에도 들어가니 곧 익숙해졌다. 가족들은 나를 위해 횟집 대신 대하 소금구이집에 갔다. 소금이 가득한 냄비에 살아있는 대하를 넣으면 뚜껑이 들썩거린다. *싱싱하다.* 뚜껑이 잠잠해질 때까지 웃고 떠들며 기다린다. *설렌다.* 뜨거운 대하를 꺼내 머리를 잘라내고 붉어진 껍질을 벗겨 서로에게 먹여준다. *맛있다.* '몸집이 큰 새우'라는 뜻의 대하는 한국 바다에 서식하는 하나의 종으로 30번이나 탈피를 하며 몸집을 키운다. *낯설다.* 그들의 삶과 순환은 무시당한 채, 상품으로 개량되어 길러지고 죽임을 당한다. *불편하다.* 심지어 산채로 불에 익으며 고통에 몸부림치다가 죽어간다.

아프다.

감사의 말

　이 책 『물고기 아닌 물살이 도감』의 출간에는 바닷속 생명을 물살이라 부르자고 목소리 내는 여정에 항상 곁을 지켜 주신 분들의 도움이 있었습니다. 바닷속 세상을 알려주고 바다를 향한 무한한 열정을 나눠준 시셰퍼드 코리아, 발 디딜 곳 없는 것만 같은 세상 속에서 단단한 버팀목이 되어준 청년기후긴급행동, 물살이와의 새로운 관계를 함께 새겨가는 넓적한물살이 동료들. 물살이를 위한 활동과 집필에서 소중한 기회를 마련해 주셨던 재단법인 숲과나눔, 물살이 옆에 나란히 선 행인으로 목소리를 보태어 준 열 명의 동료들, 초고를 감수해 주신 생명다양성재단과 교정·교열 및 검토에 시간을 쏟아 준 희음. 이 책이 더 많은 독자 분들께 닿을 수 있도록 제작을 지원해 주신 환경과생명문화재단 이디와 정식 출간을 위해 힘써 준 출판사 한바랄의 서재와 물도깨비. 그리고 괴로움과 슬픔이 반복되는 시간 속에서도 묵묵히 옆에 있어 주는 가족과 친구들에게 고마움을 전합니다. 무엇보다 진심 어린 시선으로 물살이의 삶과 죽음을 바라보고 다정한 그림으로 함께 애도를 지낸 이 책의 그린이이자 동료 희라에게 가장 큰 사랑을 전하며 함께 물살이들의 곁에서 연대와 지지를 보내주시는 모든 분들께 감사드립니다.

숨 쉬는 모든 이들의 평화를 기원하며
김민선 드림

기획   **넓적한물살이**

바닷속 가장 밑바닥에서 온 바다의 현실을 목격하는 넙치의 시선으로 바다의 이야기를 전하는 단체. 예술가와 기획자, 활동가들이 모여 바닷속 생명의 관점으로 다양한 장르의 예술 창작과 사회 변화 캠페인을 넘나들며 활동한다. 죽어가는 바다의 위기를 목도하고 기록하는 동시에 폭력과 착취에 대항하며, 바다의 찬란한 생명력과 다양성을 예술의 방식으로 풀어낸다. 바다와 인간의 연결성에 대한 자각을 바탕으로 공존과 연대에 기반한 생명 문화를 만들어 가고자 한다.

지은이 김민선

여러 영역의 사회운동과 창작을 넘나드는 해파리성 인간. 폭력에 무감각한 사회에서 지워지고 마는 우리의 삶을 꺼내놓기 위해 활동한다. 생명 가득한 바다를 동경하다 스쿠버다이빙을 시작한 후에 무한히 펼쳐진 바닷속에서 그토록 찾아 헤매던 해방감을 발견했다. 물살이의 몸을 통과한 물이 나의 몸을 감쌀 때 우리의 새로운 관계가 시작된다고 믿는다. 사회 운동과 예술 창작에 기반해 바다 생명들의 이야기를 풀어나가는 단체 '넓적한물살이'를 운영하고 있다. 비틀거리는 이들과 나란히 글 쓰고 춤추며 노래 부르는 순간을 애정한다.

그린이 김희라

보고 듣고 경험한 이야기를 바탕으로 그림을 그리는 활동가. 보이지 않는 작은 존재들에게 유독 마음이 기운다. 햇살 한 줌, 바람 한 줌을 느끼다 파도에 잠기기를 반복하고, 때가 되면 지는 바닷가의 어느 들풀처럼 살 수 있기를 염원한다. 우리는 이 지구에 잠시 왔다 가는 존재임을 잊지 않으려 한다. 처음 바다에 들어간 날 드넓은 바다 아래에서 금빛의 쥐노래미와 마주친 찰나의 순간이 계기가 되어 이 책을 그리게 되었다. 창의인재동반사업을 통해 단편 애니메이션 <물,살이>를 감독하고 제작했다.

물고기 아닌 물살이 도감

1판 1쇄	2025년 5월 31일 펴냄
기획	넓적한물살이
지은이	김민선
그린이	김희라
편집 및 발행	서서재, 물도깨비
감수	생명다양성재단(넙치부터 감성돔까지)
사진	김민선
표지 디자인	스튜디오 엠니
내지 디자인	강과 하늘
검토 및 교정·교열	희음, 신형교
인쇄·제작	금비피앤피
표지 실크스크린	이지앤비
원화 스캔	HAN드럼스캔

이 도서는 **이다 생명문화 출판 콘텐츠 지원사업 2024**의 출판 창작 지원금으로 제작되었습니다.
표지는 사용 후 폐지가 40% 포함된 종이 모던시티($120g/m^2$, 인디고)를 사용했으며,
내지는 100% 폐지로 만든 재생지 센토($100g/m^2$, 프리미엄 화이트)에 콩기름 잉크로 인쇄했습니다.
서체는 함렡, Sandoll 정체, Sandoll 눈솔, Sandoll 고딕Neo1유니코드를 사용했습니다.

ⓒ2025 김민선 김희라
이 책의 저작권은 지은이와 그린이에게 있으며, 저자와의 계약에 따라 한바랄에서 발행했습니다.
저작권법으로 보호받는 저작물이므로 저작권자의 서면 동의 없이 복제·배포하실 수 없습니다.

한바랄

바다 환경문제 전문 출판사 **한바랄**
2022년 3월 2일 (제25100-2022-000018호) | 서울시 마포구 모래내로7길 38, 서원빌딩 401-2호
이메일 hanbahralbooks@gmail.com | 인스타그램 @hanbahral_books | 팩스 0504-076-2823

ISBN 979-11-978239-3-0 (03490) 정가는 뒤표지에 있습니다.